# AMAR SIN LÍMITES

## EDUCAR CON LÍMITES

Editado por SER Editorial

**Corrección de estilo:** Mtra. Flor Gómez

**Diseño editorial:** Alejandra Padilla



ISBN: **978-60798943-6-8**

N° de registro: **En trámite**

Primera edición, noviembre 2023

Impreso en México / Printed in Mexico

# AMAR SIN LÍMITES

## EDUCAR CON LÍMITES

Mariana Alcazar

# CONTENIDO

*A mi Padre Dios, a mi esposo e hijos.*
*A mi mamá y a toda mi bellísima familia, en especial a*
*Rebeca Leal por siempre creer en mí.*

# Prólogo

El libro que tiene el lector en sus manos es un camino de reflexiones que, ante todo, tienen como finalidad la buena educación de los hijos: amar sin límites, educar con límites. Creo que la autora del libro ha querido manifestar a grandes rasgos que el amor es lo único capaz de educar en la verdad. Ese amor que educa genera condiciones, acompaña y valora los procesos, señala los errores con la más exquisita caridad para corregirlos y se congratula del aprendizaje vivido.

En el recorrido que hace Mariana por este libro, se nota un corazón femenino que late al ritmo de la responsabilidad y la maternidad. Esto no es un elemento "accesorio" sino que, nos acerca a la preocupación real de una mujer que, no sólo ha puesto por escrito las reflexiones bibliográficas, sino que ha puesto su día a día, su ocupación cotidiana por mostrar a sus hijos que sólo el amor es quien educa y, por lo tanto, no hay otra educación que la del amor. Mariana es una mujer de fe al igual que su esposo, y quieren sin lugar a duda, educar a sus hijos para el Cielo. Esto sólo se logrará enseñándolos a caminar en la Tierra con los ojos en el Amor.

Es cierto que muchos lectores no cuentan con las condiciones “ideales” para la educación de los hijos, pero esto no significa que no se comprometan con la educación en el amor. Este libro les ofrecerá, estoy seguro, las herramientas adecuadas para cumplir el cometido. Educar a los hijos desde el amor y para el amor, nos lleva a tener, sobre todo, una mirada realista. Por eso entiendo que, aunque al Cielo se camine en la Tierra, no todos vamos calzados, hay quienes caminan descalzos y duele. La educación mira hacia donde mismo, aunque no parta de donde mismo.

Mariana nos ofrece unos elementos psicopedagógicos y terapéuticos adecuados para poder llevar a cabo la gran responsabilidad de la educación de los hijos. Estos elementos que descubrirán en las páginas de este libro ayudarán a que estén más atentos para descubrir, desarrollar y proteger las virtudes, los talentos y las habilidades de las personas que tanto aman, sus hijos.

Mi gratitud a ti Mariana por tu corazón femenino de hija, esposa y madre que busca en estas líneas compartir el ritmo de sus latidos: educar desde el amor, educar para el amor.

**Pbro. José Luis Íñiguez García**

# Introducción

Querido lector:

El presente libro, ha pasado por varias ediciones oportunas para volverse un libro de cabecera confiable e infalible en la educación de las futuras generaciones, sin dejar a un lado lo más importante en una familia: el amor.

Otro dato interesante sobre este libro es que se empezó a escribir antes de vivir la pandemia de 2020, que sin duda, modificó la vida de toda la humanidad. Sin saber lo que se avecinaba, algunos puntos no se modificaron porque resultaron un presagio de lo que estamos viviendo en cuanto al uso de la tecnología que durante la pandemia, era nuestra única alternativa al no poder tener contacto con la gente como medida de prevención, pero más allá de la necesidad de estudiar o trabajar en modo *on line*, existe un aislamiento mental y una adicción a las pantallas que ha detonado enfermedades de índole no sólo físico, sino también a nivel mental, que se vislumbraron incluso antes de que necesitáramos aislarnos: ansiedad, depresión, ataques de pánico, problemas escolares, apatía, adicciones, problemas de la piel, todo tipo de trastornos que por mencionar los más comunes hablamos de un TDAH, el negativista desafiante, los de alimentación, obsesiones, entre muchos otros padecimientos que no discriminan para atacar a un sin número de personas, pero hoy día, se están metiendo con lo más sagrado que tenemos: nuestros hijos.

Este libro pretende mostrar el panorama real de nuestra sociedad, las explicaciones así como las sugerencias que pueden resultar altamente efectivas para combatir los padecimientos antes mencionados así como ayudar a mejorar la rutina familiar sin perder jamás el camino del amor y por supuesto, también empatizando con el rol materno y paterno que por experiencia propia y gracias a las personas que me han abierto su corazón, nos hemos percatado que es un trabajo exhaustivo y demandante.

El primer mejor momento en el que pudiste formarte para educar a tus hijos fue 20 años antes de que nacieran, el segundo mejor momento, es HOY.

# Capítulo 1
# Realidad actual

## *Los desafíos de la maternidad*

Aunque en la actualidad la capacidad de ejercer la parentalidad intenta ser equitativa, los hijos desarrollan un apego natural hacia la madre, sobre todo los primeros meses de vida en los que el niño depende de ella para sobrevivir. Cabe mencionar que la presencia del padre desde antes del nacimiento es crucial, más adelante dedicaré un capítulo a explicar la importancia y trascendencia de la presencia de los padres en la vida de los hijos, pero ahora nos enfocaremos en la maternidad; hablando de este primer apego, el bebé no logra dimensionar su individualidad aún y cree que la madre es una extensión de él mismo, es por esto que existe este vínculo que lo nutrirá no sólo física sino psicológica y emocionalmente.

A diferencia de algunos animales que desde el nacimiento desarrollan con prontitud habilidades como caminar, cazar o como las tortugas marinas que no llegan a conocer a su madre y en cuanto salen de su cascarón, se dirigen a un voraginoso océano rodeado de peligros sin ninguno de los padres que las protejan, los humanos sí dependemos de nuestros padres, los cuales tienen un desafío trascendental: educar y amar.

Este desafío no deja de lado la experiencia del amor más grande que se puede experimentar y que es difícil dimensionar hasta que se vive en carne propia, si bien es un trabajo altamente demandante y con una carga mental como ningún otro, la satisfacción de ver a un hijo crecer sano y feliz, es la remuneración más grande y es lo que hace que podamos decir al final del día que TODO ha valido la pena.

Ante esto, existe una importante premisa: la educación sólo cuesta trabajo a los padres que están haciendo las cosas bien. Y esta premisa está ligada a los límites que a lo largo de este libro iré dando matices para comprender la forma en la que se ama a través de ellos. A diferencia de muchos animales que desarrollan una independencia casi inmediata después de su nacimiento como ya mencionamos, a nosotros se nos da una tarea y la oportunidad de educar a nuestros hijos que dependiendo de la edad nos corresponderá la formación, supervisión y confianza que más delante detallaremos.

Tiempo atrás no existía tanta apertura a nivel emocional para expresar lo que una persona siente, en la actualidad, los medios de comunicación han sido una vía en la cual las personas pueden desahogarse y no siempre de una forma positiva. En cuanto a la maternidad, se ha dado una voz que hacía falta escuchar, se habla de la otra cara de la moneda, sin embargo se le está dando más énfasis a la parte difícil que a la parte satisfactoria de lo que es maternar. Es fundamental conocer esta ambivalencia pero sin restarle el valor al sacrificio, que quiere decir "hacer las cosas por amor", vaya que las mamás sabemos de qué hablo.

A propósito de los medios de comunicación, realicé una encuesta en la que participaron más de trescientas mamás en redes sociales, la pregunta era "¿Cuál ha sido el mayor desafío al que te has enfrentado siendo mamá?" La gran mayoría expresó haber experimentado una sensación de soledad y relataron los momentos en los que se sintieron "invisibles" a pesar de estar acompañadas o de contar con apoyo. Y esto lógicamente es porque cuando un hijo nace la atención de todos, en especial la de la madre, se vuelca hacia el que necesita atención para subsistir, es por esto que es común escuchar que las mamás nos olvidamos de nosotras mismas.

El bienestar del niño está ligado al bienestar de la madre, una madre sana física y emocionalmente, sin duda trasmitirá seguridad a su hijo. El mejor papel que puede desempeñar un padre de familia es preocupándose por el bienestar de la madre de sus hijos, si mamá está bien, es mucho más factible que se pueda gozar de un hogar equilibrado.

Mi reconocimiento y admiración para los papás que cuidan y demuestran su amor a sus hijos de la mejor manera; amando a su pareja y preocupándose por ella: gracias por su testimonio, que sirvan de ejemplo para todos.

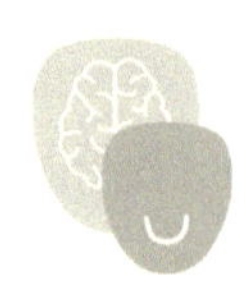

*DATO INTERESANTE.* Imposible no descuidarnos cuando estamos enfocadas en cuidar a alguien más, cuando una mujer se convierte en madre, todo cambia, físicamente, psicológicamente, emocionalmente… cerebralmente en la mujer se activan los sentimientos de maternidad y apego; se agudiza el reconocimiento auditivo y facial. La oxitocina (conocida como la hormona del parto y de la lactancia) hace que la madre permanezca híper alerta.

El cerebro de una mamá se hace más pequeño, pero esto se debe a que necesita que las conexiones se hagan más eficientes, es por eso que algunas áreas se reducen: el lóbulo frontal encargado de la resolución de problemas, cálculo y abstracción. El lóbulo temporal encargado del reconocimiento facial, el área auditiva primaria. Y por último, el hipocampo encargado de la memoria.

Las mamás muestran datos de envejecimiento molecular mucho menor que aquellas mujeres que no han sido madres, biológicamente hablando, tiene sentido porque los humanos como ya mencionamos, somos muy dependientes, por lo mismo, la naturaleza trata de mantener a la madre el mayor tiempo que se pueda.

Esta interesante y misteriosa simbiosis entre la madre y el bebé no dejará nunca de sorprendernos.

## *El intento de aligerar la carga*

Los desafíos antes mencionados han generado una ola implacable de cansancio en las familias actuales y en el intento de aligerar la carga, nos han vendido herramientas tecnológicas para mitigar la pesadez que puede implicar ejercer la parentalidad, pero ¿qué tanto han desplazado la educación y el amor en las familias de hoy?

El celular con caricaturas para comer, un juego en la tableta para esperar en el pediatra, una película para poner la pijama, restaurantes sin juegos pero con gigantes televisiones en el área infantil, WIFI y videojuegos, ¿el resultado? niños con poco autocontrol, distraídos y con falta de motivación, muchos de ellos serán diagnosticados con algún trastorno y no siempre será correcto. En México, un porcentaje importante de la población infantil es diagnosticado con TDA y TDAH (Trastorno por Déficit de Atención y Trastorno por Déficit de Atención e Hiperactividad) y no todos recibirán tratamiento adecuado (si es que el diagnóstico es correcto), aunado a lo anterior existen factores importantes que detonan comportamientos que pueden confundirse con distintos padecimientos o trastornos, en este libro los compartiremos a detalle.

La atención es la ventana a través de la cual el cerebro se asoma al mundo; sirve para concentrarnos en lo que deseamos, detectar detalles y matices, aprender idiomas, alcanzar nuestras metas o reducir el estrés. Sin embargo, educamos a niños menos pacientes porque no damos valor a hacer las cosas despacio, el cerebro aprende que cada vez que tiene que esforzarse, concentrarse o estar tranquilo, tiene permiso para distraerse y en la familia actual, la educación ha pasado a segundo plano porque la era tecnológica nos ha rebasado en avances que han creado una necesidad en las vidas de todos los usuarios de alguna pantalla.

Se refiere en seguida el documento: Importancia de la Familia en la educación de los niños de hoy, tomado de la *Exhortación Apostólica Amoris Laetitia*, Papa Francisco 2016:

> La vida familiar como contexto educativo.
> 274. La familia es la primera escuela de los valores humanos, en la que se aprende el buen uso de la libertad. Hay inclinaciones desarrolladas en la niñez, que impregnan la intimidad de una persona y permanecen toda la vida como una emotividad favorable hacia un valor o como un rechazo espontáneo de determinados comportamientos. Muchas personas actúan toda la vida de una determinada manera porque consideran valioso ese modo de actuar que se incorporó en ellos desde la infancia, como por ósmosis: «A mí me enseñaron así»; «eso es lo que me inculcaron». En el ámbito familiar también se puede aprender a discernir de manera crítica los mensajes de los diversos medios de comunicación. Lamentablemente, muchas veces algunos programas televisivos o ciertas formas de publicidad inci-

den negativamente y debilitan valores recibidos en la vida familiar.

275. En este tiempo, en el que reinan la ansiedad y la prisa tecnológica, una tarea importantísima de las familias es educar para la capacidad de esperar. No se trata de prohibir a los chicos que jueguen con los dispositivos electrónicos, sino de encontrar la forma de generar en ellos la capacidad de diferenciar las diversas lógicas y de no aplicar la velocidad digital a todos los ámbitos de la vida. La postergación no es negar el deseo sino diferir su satisfacción. Cuando los niños o los adolescentes no son educados para aceptar que algunas cosas deben esperar, se convierten en atropelladores, que someten todo a la satisfacción de sus necesidades inmediatas y crecen con el vicio del «quiero y tengo». Éste es un gran engaño que no favorece la libertad, sino que la enferma. En cambio, cuando se educa para aprender a posponer algunas cosas y para esperar el momento adecuado, se enseña lo que es ser dueño de sí mismo, autónomo ante sus propios impulsos. Así, cuando el niño experimenta que puede hacerse cargo de sí mismo, se enriquece su autoestima. A su vez, esto le enseña a respetar la libertad de los demás. Por supuesto que esto no implica exigirles a los niños que actúen como adultos, pero tampoco cabe menospreciar su capacidad de crecer en la maduración de una libertad responsable. En una fa-

milia sana, este aprendizaje se produce de manera ordinaria por las exigencias de la convivencia.

¿Dónde están los hijos?

260. La familia no puede renunciar a ser lugar de sostén, de acompañamiento, de guía, aunque deba reinventar sus métodos y encontrar nuevos recursos. Necesita plantearse a qué quiere exponer a sus hijos. Para ello, no se debe dejar de preguntar quiénes se ocupan de darles diversión y entretenimiento, quiénes entran en sus habitaciones a través de las pantallas, a quiénes los entregan para que los guíen en su tiempo libre. Sólo los momentos que pasamos con ellos, hablando con sencillez y cariño de las cosas importantes, y las posibilidades sanas que creamos para que ellos ocupen su tiempo, permitirán evitar una nociva invasión. Siempre hace falta una vigilancia. El abandono nunca es sano. Los padres deben orientar y prevenir a los niños y adolescentes para que sepan enfrentar situaciones donde pueda haber riesgos, por ejemplo, de agresiones, de abuso o de drogadicción. (*Amoris Laetitia, segunda exhortación apostólica postsinodal del Papa Francisco*)

Me parece vital resaltar la importancia de enseñar a esperar y a pensar antes de actuar a una sociedad en la que actualmente se tiene todo a un "clic" y con la mayor velocidad, y sobre la pregunta ¿dónde están los hijos? Nos invita a reflexionar sobre la preocupación que nos invade cuando nuestros hijos salen de casa, pero estando en ella corren peligro de extorsiones, abusos, incluso los retos actuales que llevan a los hijos hasta situaciones que no tienen vuelta atrás. Son realidades de pronto duras de ver pero que es necesario poner sobre la mesa, ya que podemos evitar una tragedia si nos percatamos a tiempo de cualquier situación que exponga a nuestros hijos con los extraños que pueden estar detrás de las pantallas.

Por tanto habrá que preguntarse ¿a quién estamos dejando entrar a nuestros hogares? Y quiénes son los que están compitiendo con la figura de los padres o educadores, hoy día los jóvenes anhelan ser como los "influencers", tener todo lo que tienen, cantar todo lo que cantan, hacer todo lo que hacen, en pocas palabras, ser una copia de las personas que logran hacerse "virales" y en su mayoría no es por alguna cualidad intelectual, alguna virtud o un talento especial sino por modas o simplezas que no desean aportar algo trascendente ni destacar de forma admirable, sino que logran el número de seguidores por cosas inmanentes, la realidad es que es tan solo una distracción, es algo que no se debe tomar a la ligera porque son el ejemplo de nuestros niños y jóvenes, que cada vez se ensimisman más pensando sólo en ellos y sin ver el mundo que tienen a su alrededor. La realidad virtual es su mundo y este retroceso, cobrará grandes facturas (o ya las está cobrando).

Son abismales las diferencias del mundo antes de la tecnología al mundo actual absolutamente tecnológico, lo que me da pie a afirmar que *no podemos educar a nuestros hijos como nos educaron nuestros padres porque el mundo para el que nos educaron, ya no existe.* Vivimos en un mundo que avanza a pasos agigantados y los avances tecnológicos son algo que ya no se puede detener, las redes sociales nos sumergen en un consumismo que nos promete la felicidad con el *tener* y se pasa de largo el *ser.* Cada vez existen más y más jóvenes que ya no aspiran a una profesión que aporte algo al mundo real, por el contrario, su aporte se reduce al mundo cibernético y su objetivo es ganar seguidores.

Vale la pena mencionar lo que es un "influencer" para contextualizar lo que estamos compartiendo sobre la realidad actual. Un influencer es una persona que tiene *presencia* y *credibilidad* en las redes sociales, la influencia es el poder de una persona para *determinar* o *alterar* la forma de pensar o actuar de alguien. La etimología de la palabra influencia quiere decir "deslizarse al interior de algo". Podemos percatarnos entonces de un detalle de suma importancia; dentro de nuestros hijos hay virtudes, valores, talentos y habilidades… ¿Quién está teniendo influencia sobre nuestros hijos? ¿A quién estamos dejando deslizarse en el interior de nuestros hijos?

Es así como entramos en contexto con la realidad en la que vivimos y poco a poco iremos desenmascarando muchas cosas que son "comunes" o ya estamos tan acostumbrados a verlas que pasan desapercibidas ante nuestros ojos.

# Capítulo 2
# Hijos digitales

*La mejor y primer red social a la que pertenecemos, es la familia*

El 3 de diciembre de 1992, Neil Papworth, un programador de software de 22 años envió el primer texto por SMS a su colega Richard Jarvis, cuyo escrito decía "Feliz Navidad" a través de la red de Vodafone en Estados Unidos. Hoy los mensajes por día superan el número de habitantes en nuestro planeta. En el año de 1992 había apenas un millón de computadoras con Internet, hoy existen miles de millones. La red social Facebook actualmente encabeza la lista de las redes sociales con el mayor número de usuarios. Se creía que la era digital daría grandes aportaciones a la vida del ser humano y no lo niego, debo reconocer que las redes sociales han logrado acercar a mucha gente que estaba distanciada; circulan publicaciones valiosísimas al alcance de todos, podemos incluso ver un tutorial de cómo hacer cualquier tipo de cosas, pero en las siguientes líneas analizaremos muchos de los peligros de este "gran avance".

No basta con estar dentro de las mismas cuatro paredes junto con nuestra familia. Juan Antonio González, psicoterapeuta, en su libro *¿Qué te impide ser feliz?* habla de cómo las redes sociales "acercan a quienes están lejos y alejan a quienes están cerca". Aun si pasáramos las 24 horas del día juntos, podríamos estar sintonizando un mundo totalmente distinto, cosa muy común en la actualidad.

¿Qué ha pasado con la comunicación y la convivencia? ¿Acaso no nos hemos percatado que por las calles deambulan *zombis* solitarios con tortícolis por ir cabizbajos viendo pantallas? ¿Qué decir de la gente que tantos accidentes ha causado debido a la mala combinación de un automóvil y celular?, luz roja puede pasar desapercibida, luz verde igual. Como cereza del pastel, nos han vendido la idea de que existe una *niñera digital* que se encarga de entretener y "educar" a nuestros pequeños, sin saber los riesgos que esto acarrea.

Actualmente podemos observar la falta de comunicación que impera en la vida cotidiana, la sociedad ha cambiado al punto de mostrarnos un mundo con prisa, familias desunidas, hogares en los que cada integrante vive en su propio mundo. Debido a la tecnología, el mundo se ha transformado en todo sentido pasando desapercibida la necesidad del contacto con el mundo real y el escucharnos y vernos entre nosotros pero no a través de una pantalla fría que jamás se equiparará con el calor que podemos darnos entre personas.

En el capítulo anterior mencionamos las virtudes, valores, talentos y habilidades que naturalmente se encuentran dentro de nuestros hijos, pero desde una edad muy temprana causa asombro y es simpático ver que un niño ya sabe manipular un teléfono o sabe cuál es el botón para encender la televisión, podríamos decir que los niños que han nacido dentro de esta era digital son "hijos digitales" que parece que tuvieran integrado un chip de cómo manipular las pantallas, pasa a segundo plano lo que todos sabemos pero pensamos que no tendrá repercusiones: la adicción a las pantallas, que ha sido motivo de estudio desde hace décadas que apareció el primer "avance tecnológico" con el uso de la comunicación a distancia. Hoy día podemos ver cómo llegó a un lugar privilegiado el daño que ha hecho a nivel mental la tecnología y es motivo de estudio y la causa más frecuente en muchos padecimientos de toda índole.

Fumar, las relaciones sexuales, tomar alcohol, son cosas que pueden causar adicción y por lo general a los niños y jóvenes se les prohíbe hasta su mayoría de edad cuando su cerebro tiene una madurez prudente, actualmente las estadísticas nos marcan que los jóvenes presentan en gran medida una adicción a las pantallas, incluso esta adicción rebasa por mucho la del alcohol en nuestros jóvenes, entonces la pregunta es ¿por qué no estamos haciendo nada para evitarles esta adicción?, ¿a quiénes les convendrá tenernos hipnotizados frente a una pantalla? Es la primera vez en la historia de la humanidad en la que los niños tienen mayor información que los adultos, se cree que un niño es muy inteligente por aprenderse los planetas, el abecedario o los días de la semana, gracias a un programa de televisión, pero ¿qué ha pasado con su inteligencia emocional? Nos han vendido la idea de que podemos educar a nuestros hijos en el mundo digital para no quedarnos atrás de los avances tecnológicos e ir a la vanguardia, sin embargo, han pasado desapercibidas o son poco escuchadas las consecuencias de lo anterior.

Cada familia vive de forma distinta y se adapta a las circunstancias que le tocó vivir, así mismo podemos asegurar que cada hijo tiene distintas necesidades y no existe una lista de pasos a seguir para la educación, lo que sí podemos generalizar es que la tarea de educar, nos corresponde a los padres.

Entrando al tema de la educación, la palabra educar proviene del latín *educere/exducere* que en pocas palabras quiere decir "extraer de dentro hacia afuera", un concepto distinto a lo que quiere decir etimológicamente la palabra influencia que era "deslizarse hacia adentro". Y es trabajo de nosotros como papás la educación y motivación para "sacar" lo mejor de nuestros hijos. Respecto a esto, existen dos vertientes, la intrínseca y la extrínseca, son dos tipos de motivaciones que vale mucho la pena comprender…

*DATO INTERESANTE.* Conforme pasan los años crece la información referente al funcionamiento y desarrollo del cerebro, la Neurociencia ha avanzado y los hallazgos de la Neurología nos han ayudado a comprender cada vez más cómo funciona este órgano, lo que se vuelve una herramienta valiosa ya que nos ayuda a buscar la estrategia correcta para educar y comprender a nuestros hijos. Hablaremos en este capítulo de la motivación intrínseca y la motivación extrínseca a nivel neurológico, no sin antes mencionar lo que son las neuronas. Las neuronas son células nerviosas cuya función es trasmitir la información cerebral a todo el cuerpo, procesan las funciones cerebrales como el lenguaje, razonamiento, lectura, escritura y sobre todo el aprendizaje. Nuestro cerebro se nutre a base de motivaciones, así que es importante mencionar estos dos tipos:

- **Motivación intrínseca.** Como su nombre lo indica, se entiende que nace del interior y no obedece a ningún estímulo externo, un ejemplo sobre esto podría ser el realizar un acto altruista o un apostolado sin el afán de recibir reconocimiento. Amor, confianza, valor, aprendizaje, fuerza, satisfacción son algunos de los resultados de guiarse por esta motivación. Neurológicamente hablando, el cerebro produce un neurotransmisor que se llama serotonina (5 HT), que genera paz, felicidad, la satisfacción que se logra al esforzarse, entonces podríamos imaginarnos a las neuronas creando conexiones sanamente.

- **Motivación *extrínseca.*** Al contrario de la anterior, nace de estímulos externos, esperando una recompensa externa, la persona se mueve por el anhelo de ser reconocida o por el miedo de ser reprobada, podemos utilizar el mismo ejemplo que el de la motivación intrínseca; realizar un acto altruista o un apostolado pero en este caso podríamos pensar en los que son grabados y se suben a las redes sociales esperando un reconocimiento por la acción que se llevó a cabo. En el caso de este ejemplo, perfectamente podemos darnos cuenta de que un *like* es una motivación extrínseca que al contrario de la paz y felicidad que genera la producción de la serotonina en el cerebro, en este caso el cerebro produce otro neurotransmisor que se llama dopamina (DA) también conocida como la hormona de la recompensa, naturalmente es un neurotrasmisor presente en el SNC (Sistema Nervioso Central) pero la producción en exceso de la dopamina genera una vibración en las neuronas que podríamos traducir como una excitación que en poco tiempo se detiene, lo que hace que las neuronas deseen sentir esa vibración una vez más, lo que en consecuencia genera una adicción. Comer, beber, fumar, las relaciones sexuales, el ejercicio, el uso de pantallas, son algunas de las cosas que propician la producción de dopamina, sin embargo cualquiera de las anteriores si se ejercen de forma excesiva, se convierten en una adicción. No está del todo mal la motivación extrínseca siempre y cuando se mantenga de forma moderada y para bien en nuestra vida cotidiana y claro, en la de nuestros hijos.

"Cuando ves hacia afuera de ti, sueñas. Cuando ves hacia adentro de ti, despiertas."

Ahora que conocemos la diferencia de los dos tipos de motivaciones, podemos elegir de qué forma queremos educar el cerebro de nuestros hijos, no es de sorprendernos los casos actuales de ataques de ansiedad, depresiones, hiperactividad, incapacidad de superar frustraciones y más debido a que los motivadores se vuelcan únicamente a los estímulos externos.

El dominio de la tecnología, establecer horarios y platicar continuamente con nuestros hijos sobre la importancia de hacer y ser por convicción sin la necesidad del reconocimiento de otros, es una alternativa favorable para la educación de nuestros hijos en el mundo en el que pareciera que los niños nacen con el Smartphone bajo el brazo.

# Capítulo 3
# Niñera digital

Como mencionamos, en la realidad actual es imposible no cansarse en el día a día y terminar con un agotamiento de la carga laboral, mental, del hogar y de pronto apareció una *niñera digital* en los hogares que entretiene a los niños y jóvenes pero que se convierte en un peligro latente para las familias de hoy, en este capítulo haré un hincapié especial con los niños y jóvenes que manejan redes sociales.

Circula en internet un experimento social que se hizo con adolescentes. Con el permiso de sus padres, se creó un perfil falso de Facebook en el que se les mandó una solicitud de amistad con una fotografía que mostraba a un joven de su misma edad, con todo y la incredulidad de sus padres, los jóvenes aceptaron la solicitud; no podían dar crédito a que habiendo hablado con ellos de todos los peligros y consecuencias que existen, hubieran aceptado la invitación. El autor del perfil falso se encargó de lograr empatizar con los jóvenes hasta llegar al punto de convencerlos de salir sin que sus padres lo supieran. Gracias a

Dios, sus papás estaban presentes, viendo el progreso del experimento social y cuando estos adolescentes salen a escondidas, los están esperando y claro que recibieron un gran susto que estoy segura sirvió de escarmiento que era lo que pretendía el experimento social.

Como pudimos leer en la *Exhortación Apostólica Amoris Laetitia*, el Papa Francisco nos hace preguntarnos *¿a quién estamos dejando entrar a las recámaras de nuestros hijos en la actualidad?*

¿Cuántas horas al día estamos en el mundo del Wi Fi (*Wireless Fidelity*)? Un estudio del INEGI nos indica que en promedio, la mayoría de las personas pasamos 7 horas 14 minutos navegando en Internet al día. Los que nacimos en una era en la que la tecnología no estaba tan al alcance como en la actualidad, creímos que sería una invención magnífica que nos traería un gran avance en muchos sentidos, sin embargo, no pensamos que también tendría consecuencias negativas.

¿Por qué si cuidamos a nuestros hijos fuera de casa, no los supervisamos cuando están dentro en Internet?

Una encuesta realizada en México hace algunos años sobre la influencia de la televisión en los niños, arrojó los siguientes resultados: 24% ven en promedio 3 horas y media de televisión al día. 87% de las escenas son de sexo o violencia. 65% de la información recibida por televisión es retenida por los niños. Alrededor de 15% de lo recibido de los educadores es retenido y sólo un 4% de lo que los padres les dicen. No es de sorprendernos que nuestros hijos quieran ser como el súper héroe o el villano y no como mamá y papá, sin mencionar la hipersexualización que existe así como la admiración a lo aberrante o violento.

Las series con mayor éxito, son las que contienen escenarios que despiertan innecesariamente el morbo en los jóvenes, la serie del narcotraficante, la del asesino, el personaje insólito... pero ¿por qué la atracción hacia personajes con tendencia a hacer el mal? Aquí la explicación, en primer lugar las exitosas series de narcotraficantes y el hecho de que los niños anhelen ser como tal o cual delincuente, va de la mano con lo anterior mencionado, la exposición a las pantallas que muestra como tendencia lo que lleva al mal, compite con una familia que en casa podría dar un buen ejemplo, aunado a esto, a cierta edad en la que los niños o adolescentes no cuentan con una identidad bien formada sino que están en búsqueda de la misma, es fácil atraparlos hacia cualquier orientación y por lo general, si tienen acceso a la orientación al mal, será la vía de acceso que deseen tomar, la falta de límites generará en ellos la necesidad de probarlos y sobrepasarlos, saber hasta dónde se puede llegar que es lo que precisamente los personajes que se ponen de moda muestran en su actuar.

Las familias mexicanas conversan en promedio 10 minutos al día (por más increíble que parezca, así es), los horarios de trabajo nos han impedido a muchas personas comer en familia a diferencia de antes, que era más común. Hoy, a lo mucho, compartimos una comida juntos y a veces teniendo sólo presencia física porque en realidad cada uno está en su mundo frente a una pantalla.

Así mismo, muchos niños ya no quieren salir de sus habitaciones pues ahí tienen un entretenido *parque de diversiones;* no les queda tiempo para convivir y si quieren conocer algo, basta con consultar alguna fuente de Internet para informarse. Sin embargo, hay cosas, que aun leyendo una enciclopedia completa, no lograríamos aprender porque necesitan ser trasmitidas de persona a persona; no pueden ser comprendidas con lo que logremos investigar por medio de internet. Me refiero por ejemplo, a la solidaridad, la sabiduría, el amor por la vida, el amor a Dios, sin mencionar las vivencias y experiencias que sólo podemos compartir presencialmente.

Muchos de los niños de hoy aspiran a ser *influencers*, anteriormente explicamos lo que es la influencia, pero lo que ha ocasionado una tendencia y euforia por pertenecer a este grupo, es que los jóvenes y niños piensan que se volverán millonarios compartiendo cosas sin sentido o incluso atentando contra sus propias vidas para lograr el mayor número de vistas gracias a la idea de despertar el morbo entre los demás como mencionamos hace algunas líneas; muchas carreras perderán o ya pierden en la actualidad alumnos por este vano deseo de compartir contenido en su mayoría sin relevancia o trascendencia. No digo que no haya gente talentosa en este rubro, sin embargo no todos están hechos para este trabajo y dejamos a un lado los talentos que tenemos para alguna otra profesión.

*DATO INTERESANTE.* Hablemos ahora de los niños más pequeños, que tan sólo tienen un par de meses y vemos como opción a la *niñera digital,* los programas que nos venden como educativos, en realidad están creando niños con una notoria desventaja en todo sentido, podemos percatarnos de un retroceso natural ya que al no existir interacción con lo real y tangible, las neuronas de las que hablamos anteriormente, no se desarrollan de forma adecuada y no crean las mismas redes o conexiones necesarias para el aprendizaje. Es como si ves en un dispositivo una montaña rusa, por más avanzado que sea y por más nitidez o realidad que pretenda mostrarte, no es lo mismo que si te subes a una real, el olor, el viento, todos los sentidos que están impregnándose de esa experiencia no los podemos equiparar a los que la realidad virtual pretende mostrarle al cerebro, estamos engañándolo mostrándole una experiencia ficticia que dista mucho de lo que es la realidad, sin embargo, el cerebro no es capaz de discriminar entre una experiencia real y una ficticia; lo que le estamos mostrando dentro de una fría pantalla a un niño, se desarrollará en su cerebro como un aprendizaje en su mayoría trunco porque es intangible y quedará incompleta la formación de las redes neuronales al ver todo a través de la pantalla, cosa que en un futuro cuando el cerebro esté maduro, repercutirá en el poco desarrollo sensorial y la incapacidad de comprensión de muchos conceptos, sin mencionar las consecuencias emocionales que esto acarreará. Hago la invitación a que reflexionemos cuántos aprendizajes quedan incompletos en el cerebro de nuestros pequeños.

La pausa que genera en los niños la tranquilidad que vemos cuando están frente a una pantalla, trunca el desarrollo neuronal antes mencionado, estamos hablando de un cerebro en desarrollo y con una inmadurez que necesita explorar con todos sus sentidos para aprender y que logre madurar correctamente la vertiginosa cantidad de información que las pantallas les presenta a los niños, ocasiona también el descontrol de su cerebro en todo sentido, lo que da como consecuencia una aceleración cuando no están frente a la pantalla que se podrá muchas veces confundir con una hiperactividad.

Existen talleres de orientación vocacional y profesional que pueden indicar cuál es la mejor opción y una de las obligaciones que tenemos como padres, es hacer que nuestros hijos alcancen el completo potencial que les ha dado Dios.

Si estás pensando en reducir el tiempo de uso de esta *niñera digital,* permíteme recomendarte algo, hay que cuidar siempre nuestra congruencia a la hora de restringir los aparatos tecnológicos con el mejor de los ejemplos, recuerda esta trascendental ley de la educación: *a poco nivel de congruencia, poco nivel de influencia*, sin el afán de hacer sentir culpable a nadie porque bastante cargan muchos papás, como recomendación, no le pidamos a nuestros hijos que usen menos el celular si nosotros lo hacemos todo el tiempo.

No existe "la edad ideal" para permitirle a los niños ver pantallas, sin embargo en los niños más pequeños es imprescindible cuidar su desarrollo y veremos posteriormente con orgullo el resultado de alejarlos de este freno que su cerebro en desarrollo no necesita.

# Capítulo 4
# Heroína digital

Ha habido bastante polémica con las generaciones, los nombres y los años que corresponden a cada una. Actualmente existen varias formas de nombrar la generación a la cual pertenecemos; *alpha* como la primer letra del alfabeto griego por ser la que continúa de la *Z*, Generación *T* de *touch* o *táctil* dado que todo está al alcance de un toque en nuestras pantallas, Generación *de cristal* por la fragilidad que es notoria en algunas familias ante cualquier frustración, incluso escuché hace poco que llamaban a la generación actual Generación *de mazapán* como el famoso dulce que se deshace sin haberlo tocado. El término que me parece más adecuado y que personalmente me gusta más usar, es el que acuñó Marc Prensky, escritor americano y conferencista, que nos habla de los nativos digitales, también acuñó el término inmigrante digital. Compartiré una parte de un artículo escrito por Mark Prensky en 2001 de la revista *On the Horizon* que me parece absolutamente actual para contextualizar algo de lo que hablaremos en este capítulo que es en general lo que estamos viendo en nuestra generación y lo que nos espera con las que vienen.

> Los universitarios de hoy constituyen la primera generación formada en los nuevos avances tecnológicos, a los que se han acostumbrado por inmersión al encontrarse, desde siempre, rodeados de ordenadores, vídeos y videojuegos, música digital, telefonía móvil y otros entretenimientos y herramientas afines. En detrimento de la lectura (en la que han invertido menos de 5.000 h), han dedicado, en cambio, 10.000 h a los videojuegos y 20.000 h a la televisión, por lo cual no es exagerado considerar que la mensajería inmediata, el teléfono móvil, Internet, el correo electrónico, los juegos de ordenador... son inseparables de sus vidas. (Marc Prensky artículo Digital Natives, Digital Immigrants).

No nos sorprendería pensar que al existir este mencionado detrimento de la lectura, la cultura ha ido en decadencia, para que una persona pueda aprender algo, necesita un momento de concentración; para resolver un problema, igual, se necesita detenerse un momento y observar. La concentración, el detenerse un momento, observar y muchas otras capacidades se han ido disminuyendo por vivir en la aceleración que más adelante detallaremos a profundidad en el capítulo del Síndrome del Pensamiento Acelerado.

Carolina Pérez, quien es educadora, directora de Helsby Preschool, máster en Educación de Harvard University, profesora de Educación en la Universidad de Los Andes y columnista en diversas revistas dedicadas a la infancia, nos comparte un estudio que lleva más de 15 años realizando junto con otros psiquiatras que han estudiado el cerebro de las nuevas generaciones que han crecido de la mano de la tecnología, donde comparte *el peligro de las pantallas*, en tanto muestra evidencias científicas de los efectos que causan *placer del Smartphone*, tabletas y videojuegos. Las evidencias muestran las neuronas de un niño cuando lee un libro, se conectan y desarrollan perfectamente al liberarse una cantidad normal de dopamina, si anda en bicicleta o aprende a realizar alguna actividad que no tenga que ver con el uso de la tecnología, pasa lo mismo. Sin embargo, cuando las neuronas están expuestas al nivel de dopamina que libera el cerebro al jugar o realizar alguna actividad interactiva en dispositivos, no se desarrollan de la misma manera incluso mueren. A 15 años que llevan estudiando este fenómeno, los psiquiatras y Carolina Pérez aseguran que la dopamina que producen los niños al estar jugando equivale a un *shot* de heroína, en un niño en el que sus neuronas apenas se están desarrollando; esto acarreará consecuencias que ya estamos viendo en los niños y jóvenes de hoy, pondremos nuevamente sobre la mesa la pregunta del por qué las situaciones o cosas que causan adicción se prohíben a los menores de edad y la exposición a las pantallas que hoy día es motivo de estudio, atención y rehabilitación entre las personas que nos dedicamos a la salud mental, no se prohíben e incluso se permiten casi desde que los niños son separados del cordón umbilical, ni siquiera el sentido de la vista ha sido por completo desarrollado y los niños presentan cada día en alza, problemas de visión derivados del uso y abuso de las pantallas.

*DATO INTERESANTE.* De los 0 a los 3 años de vida, un niño aprende muchísimo más que en cualquier otro momento de su vida porque es cuando su cerebro está descubriendo qué es el mundo y todo lo que hay a su alrededor; aprende a caminar, comunicarse, convivir, compartir. Todos sus sentidos comienzan a desarrollarse y cada cosa que aprende el niño va creando una experiencia en su cerebro, misma que ayuda a desarrollarlo, pero ¿qué es lo que pasa si en lugar de llevarlo a un parque a ver lo que es un árbol, lo enseñas en un televisor, en un programa "educativo"? El cerebro pierde esa capacidad sensorial y para el niño no será atractivo visitar un parque porque preferirá verlo en una pantalla, ya que así lo aprendió en casa.

Las industrias millonarias desean que los padres creamos que los programas "educativos" para niños son buenos o que el trabajar la motricidad fina con tabletas o dispositivos ayudará al desarrollo e inteligencia de nuestros hijos, pero no nos cuentan la realidad y lo que los estudios han arrojado después de más de 15 años de investigación. Por poner un ejemplo, cuando un niño juega Fortnite, conocido videojuego entre los pequeños y adolescentes, la presión arterial aumenta a un nivel increíble, cosa que algunos padres no notan, es a lo que nos referimos con el término *heroína digital* es una adicción equiparable a la de un químico, incluso, las redes sociales actuales han dañado tanto la autoestima de los jóvenes que han perdido el sentido de vida.

Los delincuentes, narcotraficantes, gente que desea hacer mal es porque para poder disfrutar, lo tienen que hacer con ese *shot* de "heroína" con la que aprendieron a premiar al cerebro. Nuestros hijos, cuanto más consuman pantallas, más cosas necesitarán para sentir placer, ya que tienen un cerebro inmaduro que por más que les advirtamos todos los peligros, tienden a buscar esa recompensa y nosotros como padres muchas veces sin darnos cuenta, estamos dando con mucha facilidad acceso a los dispositivos y nos vamos percatando de qué forma los niños son atraídos hacia la tendencia a buscar cada vez más la motivación extrínseca antes mencionada y la necesidad de adrenalina va en aumento, al punto de crear retos y de orillar a los niños y jóvenes hasta un extremo en ocasiones sin salida y con consecuencias fatales.

Otro dato interesante en el que más adelante ahondaremos es que el 100% de los niños que tienen acceso a Internet verán por lo menos una imagen pornográfica, por eso la importancia y la trascendencia de hacer conscientes a todos los padres que nos sea posible, porque nuestros hijos estarán protegidos, pero habrá quienes los puedan inducir en esta adicción. Hoy día para los niños, salir a jugar no produce suficiente placer, incluso prefieren estar en casa y hasta existe el caso de muchos *gamers* que optan por dejar de comer y hasta usar pañales porque no quieren perder el juego o puntaje teniendo que ir al baño o comiendo. Incluso, se han registrado casos en los que los jóvenes presentan: derrame cerebral, agotamiento, infartos o muerte por estresar el cerebro y el cuerpo al ni siquiera atender las necesidades fisiológicas del mismo.

Hace poco tiempo, la Sociedad de Psiquiatría Mundial dijo que la adicción a Internet y a los videojuegos era catalogada como una *enfermedad mental,* a lo que Microsoft contestó que los estudios no eran concluyentes por tan sólo tener 15 años, claro, que es evidente que la empresa millonaria que gana con las compras que los padres realizan, no se podía conformar con un estudio psiquiátrico con fundamentos científicos.

A continuación una noticia publicada en 2018 sobre la heroína digital:

> CNN (JUNIO 2018). Al observar cómo un videojuego atrapa a su hijo, muchos padres han refunfuñado acerca de la "heroína digital", comparando las imágenes parpadeantes con una de las sustancias más adictivas del mundo.

Ahora, podrían tener un gran apoyo: la Organización Mundial de la Salud anunciará el "trastorno de los juegos" como una nueva condición de salud mental que se incluirá en la 11ª edición de su Clasificación Internacional de Enfermedades.

"No estoy creando un precedente", dijo el Dr. Vladimir Poznyak, miembro del Departamento de Salud Mental y Abuso de Sustancias de la OMS, que propuso el nuevo diagnóstico al organismo de toma de decisiones de la OMS, la Asamblea Mundial de la Salud. En cambio, dijo, la OMS ha seguido "las tendencias, los desarrollos, que han tenido lugar en las poblaciones y en el campo profesional".

Existe un artículo en el periódico *El Universal* que indica que los grandes genios de la industria tecnológica como Bill Gates, Steve Jobs, Tim Cook, tuvieron restringido el uso de la tecnología para sus familiares cercanos, y la mayoría de los empleados de las grandes empresas tecnológicas como Google y Apple, han enviado a sus hijos a estudiar en colegios sin ordenadores ni dispositivos electrónicos, donde sólo utilizan papel y lápices, así como materiales básicos para aprender. "Los ordenadores inhiben el pensamiento creativo, el movimiento, la interacción humana y la capacidad de atención". ¿Será que están conscientes de las repercusiones que tienen los avances tecnológicos y los problemas que acarrean? Para los profesores, las TIC (Tecnologías de la Información y la Comunicación) han sido un reto y prometen trasmitir conocimientos de forma innovadora, sin embargo, el modelo educativo que proponen no ha sido del todo benéfico por lo aquí mencionado.

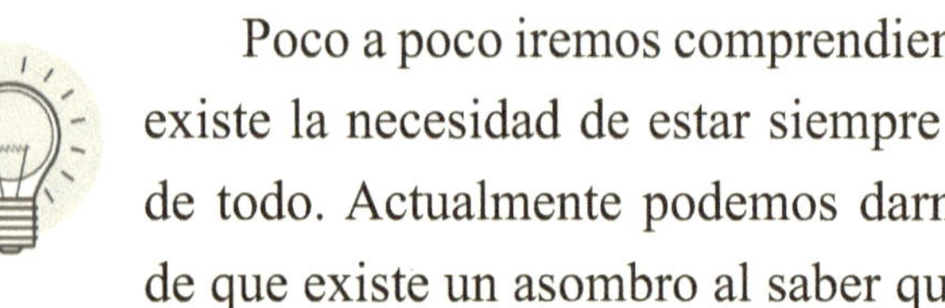

Poco a poco iremos comprendiendo que no existe la necesidad de estar siempre enterados de todo. Actualmente podemos darnos cuenta de que existe un asombro al saber que una persona no ha visto el meme más actual o el video más viral, sin embargo, esta necesidad de estar "informado" y al día de las últimas noticias virales, no favorece en nada nuestra formación, por lo contrario, la saturación de información, impide que nuestro cerebro, guarde lo realmente importante y trascendente.

# Capítulo 5
# SPA
# (Síndrome del Pensamiento Acelerado)

Augusto Cury, médico psiquiatra, psicoterapeuta y escritor brasileño, autor de numerosos libros de Psicopedagogía y Psicología Preventiva, ha dedicado más de 17 años a la investigación sobre cómo se construyen el conocimiento y la inteligencia. En su libro *Padres brillantes, maestros fascinantes* comparte que gran parte de los trastornos con los que diagnosticamos a los niños hoy día, se deben al SPA (Síndrome del Pensamiento Acelerado) ocasionado por el mundo tecnológico y con prisa en el que vivimos. Detallaremos este síndrome acuñado por el autor antes mencionado.

El SPA es la consecuencia de los estímulos excesivos que la tecnología pone a nuestro alcance hoy día y la ansiedad que ocasiona estar tanto tiempo inmersos en lo que nos ofrece pues genera una compulsión por nuevos estímulos en un intento por aliviar dicha ansiedad, tal como la adicción a las drogas. Cuanto más consuma un drogadicto, más dependiente se vuelve y tal cual sucede con la tecnología y las redes sociales, como en el punto antes mencionado, *la heroína digital.*

En un niño es muy fácil identificar el SPA, se percibe inquieto en su asiento, no se concentra, distrae a sus otros compañeros durante clases y éstos son los comportamientos que intentan aliviar la ansiedad generada por este tan acertado descubrimiento de Augusto Cury. No obstante, el SPA no sólo se ha manifestado en nuestros niños, los adultos también lo sufrimos, lo que nos hace afirmar que el mayor enemigo de la calidad de vida del hombre de hoy son nada más y nada menos que sus pensamientos, ésos que causan incluso la enfermedad *de moda* que ataca a millones de personas: la depresión, que hoy día es la principal causa de discapacidad y contribuye de forma muy importante a la carga mundial general de morbilidad; afecta más a la mujer que al hombre y en el peor de los casos, lleva a consecuencias irremediables.

No podemos ser indiferentes a una realidad que estamos viviendo, por mencionar otras consecuencias del SPA, podemos hablar de la hiperactividad, crisis de ansiedad, ataques de pánico, miedo a situaciones que ni siquiera han sucedido que nos hacen sufrir anticipadamente… existen muchas terapias y métodos de ayuda para superar todas estas consecuencias, aunque si ponemos especial atención a las causas, podremos en muchos de los casos atribuirlas a la intoxicación consecuente de la saturación de información que tenemos frente a nosotros en las pantallas que se volvieron parte de nuestro día a día, desde que despertamos hasta que nos vamos a dormir. La cantidad de personajes que vemos a través de una pantalla es incontable, para distraernos tomamos un dispositivo, muchas veces no estamos buscando algo en concreto y sucede que nos perdemos deslizando el dedo y viendo lo que las pantallas predeterminan que nos podría gustar y cumplen su cometido, pero esa entretención es improductiva, nos lleva a acelerar nuestros pensamientos, crea dependencia y nos hace visualizar muchas veces los anhelos que no teníamos pero que al verlos en alguna persona que admiramos, los deseamos tener y si no nos es posible subsidiarlos, nos lleva a sentir que eso que vimos nos hace falta. Un ejemplo podrían ser las cirugías plásticas o la medicina estética que se volvió un *trend*, es decir, una tendencia de moda que muchas personas persiguen por ser mostrada sobre todo en las redes sociales.

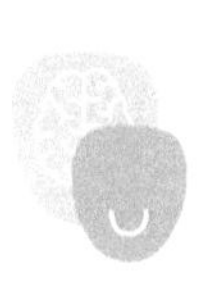

*DATO INTERESANTE.* Los pensamientos fungen un papel protagonista en nuestra forma de vivir, en el día a día nos pueden invadir pensamientos tanto optimistas como pesimistas, hay estadísticas que nos marcan una predominación en el cerebro hacia los pensamientos pesimistas o que pretenden un autosabotaje. Los pensamientos son predeterminantes en la forma de actuar de cada persona y por lo general, las cosas pesimistas que nos imaginamos, no suceden. Sin embargo, el cerebro no discrimina en cuanto a lo que es real o lo que imaginamos, quien imagina una escena de paz y calma, tiende a relajarse con notoriedad, lo contrario pasa cuando una persona tiende a pensar que algo malo o inquietante sucederá, la persona vivirá nerviosa y alterada, las cuestiones psicosomáticas se derivan también en gran medida de los pensamientos pesimistas, por poner un ejemplo muy evidente, la persona que sufre de ansiedad, muchas veces es por pensar en cosas que podrían pasar y le quitan la paz; en realidad, no están pasando y muy probablemente no pasarán, el cerebro no es capaz de asimilar que es sólo un pensamiento, es por eso que es de real importancia hacer consciencia de qué pensamientos tenemos y hacia dónde enfocamos nuestra capacidad de pensar.

Los anteriores son algunos ejemplos de las repercusiones de los pensamientos acelerados, otra triste consecuencia es la pérdida de la capacidad para disfrutar las pequeñas cosas de la vida cotidiana, ésas que para un niño de hoy son aburridas y en nuestra infancia pudieron haber sido un castillo o una aventura imaginaria que nos hacían pasar sanas y placenteras horas de juegos sin contar con ningún aparato tecnológico. Los afectados por el SPA siempre están inquietos, tratando de encontrar cualquier estímulo digital que los alivie.

No está mal pensar, pero sí la sobreestimulación ocasionada por la tecnología y toda la carga de información carente muchas veces de formación que existe dentro del mundo cibernauta y que nos ocasiona el síndrome antes mencionado, puede afectar nuestra calidad de vida y la percepción que tenemos de la realidad; depurar nuestro día a día con momentos de "desconexión" es una excelente alternativa para detenernos a trabajar en nuestros pensamientos. Enseñar a nuestros niños a pensar de forma sana, favorecerá su desarrollo y la capacidad de resolución de problemas. Para resolver un problema de cualquier índole, es necesario tomarse su tiempo, detenerse y observar para poder encontrar la solución, no se llegará a ningún lugar sobresaturando de información al cerebro.

# Capítulo 6
# Pornografía

*Considero más valiente al que conquista sus deseos que al que conquista a sus enemigos, ya que la victoria más dura es la victoria sobre uno mismo.*
**Aristóteles**

Existe otro peligro inminente que persigue a las nuevas generaciones, cuando hablamos de cuidar a nuestros hijos de la tecnología y las redes sociales, no podemos dejar de lado lo que de pronto sin buscar, se encuentra en las pantallas; hablamos de la pornografía. Es considerada una adicción que se torna más difícil de vencer que cualquier droga química y se encuentra al alcance de todos. Es difícil dimensionar el daño que ocasiona, incluso físico. En este capítulo pretendo dar una idea de las repercusiones que acarrea el ser usuario de esta peligrosa ciberdroga.

En el libro titulado *Your brain on porn* de Gary Wilson se relatan con detalle las estadísticas y consecuencias del consumo de la pornografía, sin contar con los impresionantes relatos verídicos de gente que ha sido adicta al porno.

Llamó mi atención el de un adicto a distintas drogas, relata que la más difícil de dejar, ha sido la pornografía y lo llevó a incluso probar con medicamentos para calmar todas las secuelas que le acarreó el consumo de dicha ciberdroga. El dejar la pornografía también involucra la alta probabilidad de sumergirse en el síndrome de abstinencia, muchos usuarios han recurrido incluso a la psiquiatría y al uso de fármacos para calmar el terremoto que acarrea dicha adicción, sin mencionar que como cualquier otra adicción, va creando una resistencia por lo que cada vez se busca llegar a la autosatisfacción, siendo espectador de situaciones cada vez más fuertes en las que abundan la trata, pedofilia y una mafia enorme que se llena fácilmente de usuarios.

En consulta puedo constatar que hay un número considerable de personas que son adictas a la pornografía, incluso, previo a la primera consulta, realizo un cuestionario para saber si mi terapia es adecuada para la persona que me confía su salud mental. Uno de los puntos que recalco que es importante contestar es en el que menciono las adicciones y por supuesto que incluyo la adicción a las pantallas y a la pornografía.

Existe un estudio realizado por investigadores del Instituto Max Planck para el Desarrollo Humano en Berlín publicado en la revista *JAMA Psychiatry* en julio de 2014, en el que se probó el daño que hace al cerebro el consumo de pornografía.

"Hay una relación negativa entre la cantidad de horas que los sujetos ven porno y la cantidad de materia gris del cerebro", afirma el estudio.

Hay menos materia gris en una zona del cerebro involucrada en el aprendizaje y la memoria, tras los análisis llevados a cabo, los investigadores determinaron que el ver pornografía afectaba al volumen de materia gris del cerebro y al tejido neuronal directamente relacionado con la inteligencia.

*DATO INTERESANTE.* Según el estudio antes mencionado, todos estos daños podrían deberse a una intensa estimulación del sistema de recompensa del cerebro que se activa y se encarga de liberar los dos neurotransmisores —la dopamina y la oxitocina— responsables de las sensaciones placenteras.

"La pornografía estimula ciertos neuroquímicos en nuestro cerebro actuando en este órgano como una droga", aseguraba por su parte el doctor Donald L. Hilton, un prestigioso neurocirujano, profesor del Departamento de Neurocirugía en el Health Sciences Center de la Universidad de Texas.

"El 72% de los adictos al sexo genera ideas suicidas y el 17% lo ha intentado", advierte a su vez el doctor en Medicina y sexólogo Carlos San Martín, coordinador del centro CIPSA, en Santander.

Lo triste de esta adicción es que como ya mencioné, está al alcance de todos y dentro de este peligro, me gustaría que hagamos consciencia sobre una preocupante realidad: actualmente, el consumo de pornografía en las páginas de

Internet ha disminuido, pero este dato no es algo positivo, pues los jóvenes en la actualidad producen su propia pornografía. Existe un fenómeno muy mencionado llamado *sexting*, que se refiere al exhibicionismo *on line*; mandar imágenes o videos con contenido erótico o pornográfico; nace de la conjunción de palabras *sex y texting* (sexo y envío de textos).

En muchos de los casos, las imágenes o videos compartidos surgen de alguna relación de pareja, en la que los jóvenes enamorados, confían en la otra persona y/o existe un acuerdo mutuo de que se borrará el contenido o que quedará entre los que lo envían, pero a continuación te compartiré un caso real como muchos de los que existen en la actualidad por este tipo de confianza que se piensa que no se traicionará y que quedará en la intimidad.

Esta historia sucede en el tiempo en el que apenas se empezaban a usar las redes sociales. Alejandra es una niña de 14 años, decide intercambiar fotos vía MSN con su novio de aquel entonces, con la condición de que se borraran dichas fotos después de verlas. Lo que no esperaba era que cuando estaba estudiando la preparatoria, aquel muchacho que fue su novio, era su compañero de salón, ya no eran novios pero tenían una relación cordial. Habían pasado 6 años de las fotografías que dos niños de secundaria intercambiaron. Un día un compañero de Ale decide confesarle que ha visto fotos suyas completamente desnuda, ahí comienza un antes y un después en su vida porque se topa con una avalancha que crece sin control. En resumidas cuentas,

Ale se ve en la necesidad de contar a su mamá lo sucedido, empieza un ciberacoso al punto de que las fotos han llegado a sus hermanos y familiares, esta tortura dura 4 años. Detrás de este ciberacoso hay mentes perversas, una de las características del consumo de la pornografía es que es muy probable que la persona que tenga esta adicción, llegue a convertirse en un perverso por esta resistencia que mencioné anteriormente que hace que cada vez se busquen experiencias más fuertes. Ale descubre que sus fotos se compartieron junto con las de otras 300 mujeres en su ciudad, era una carpeta en la nube que estaba ordenada de la A a la Z en la que cualquier persona podía entrar a indagar. Llega al punto de vulnerabilidad en el que Ale se preguntó si la gente detrás de esta saña, querría que se suicidara al no poder detener todo lo que sucedió tras la confianza que había puesto en su novio de secundaria.

Esta historia tiene un final en el que la protagonista salió adelante, muchas otras que me ha tocado escuchar, tienen repercusiones graves por los traumas que ocasionan a las personas que son víctimas de un ciberacoso de esa índole, sin contar con las personas que llegan a un nivel de vulnerabilidad y que probablemente no cuentan con una red de apoyo suficiente como para salvar sus vidas.

Es entonces que nos podemos percatar de que la pornografía va más allá de un daño de quien la consume, en la actualidad ha invadido también la calidad de vida de muchas otras personas que por pensar que se trata de un acto de confianza o de amor, han puesto lo más sagrado en manos de cualquier persona o de algún ingenuo que no pensó que podría afectar a tal punto como en la historia que acabamos de relatar.

El IFAI (Instituto Federal de Acceso a la Información y Protección de Datos en México) arroja que la mayoría de los menores de edad cibernauta tienen contacto con un pedófilo, pues la información que generan o visitan en Internet la consideran "segura", sin considerar los riesgos. El hijo de hoy no es capaz de dimensionar que mandar una imagen no es nada seguro; confían en la "discreción" de la persona que la recibe y aunado a esto, existe una presión social que les invita a sobresalir o llamar la atención y creen que ésta es la mejor vía, sin ser conscientes de que se pierde el control sobre la misma y acarrea consecuencias graves en la autoestima, dignidad y reputación de un joven. Otro dato alarmante: en el *sexting* la estadística marca que las más afectadas, son las mujeres.

Actualmente en México, existe la Ley Olimpia aprobada en 2018 que castiga el ciberacoso con por lo menos seis años de cárcel.

La adicción a la pornografía a pesar de tener consecuencias neurológicas similares o mayores a las que tiene cualquier otra droga, se puede revertir si se trata adecuadamente y se erradica por completo.

La música actual también contiene pornografía auditiva, lo que incita y facilita la entrada a este triste mundo mencionado en este capítulo.

# Capítulo 7
# Nuestro cerebro y mente

El cerebro nunca deja de aprender y mientras más lo utilicemos, más sanos seremos, por poner un ejemplo, una persona de 60 años de edad que decide estudiar japonés es menos propensa a enfermarse que la que ha decidido jubilarse y no hacer nada.

En la Universidad de Harvard se realizó un experimento con gente que tocaba el piano. Haciendo una resonancia magnética funcional en la zona del cerebro encargada de la flexión de los dedos, se demostró que estaba totalmente desarrollada, así mismo hicieron el mismo experimento con gente que imaginaba estar tocando el piano y observaban a los que lo hacían, se demostró que tuvieron el mismo desarrollo que los que tocaban el piano, lo que nos da como resultado que los pensamientos tienen un impacto brutal en el cerebro y que pensar tanto como cuando se piensa en positivo como en negativo. Tenemos la maravillosa ventaja de poder rehabilitar el cerebro; he escuchado en terapia frases como: *mi hijo ya está viciado, ya es una costum-*

*bre irremediable el uso de pantallas o tal o cual actitud*, se puede prevenir, se puede cambiar, se puede mejorar, se puede trabajar y se puede rehabilitar el uso y desarrollo del cerebro de nuestros hijos y el nuestro de ser necesario.

Después de compartir la realidad actual, es de vital importancia conocer cómo funcionan algunas partes de nuestro cerebro y de qué se valen para contribuir con nuestra salud mental. Así mismo, si logramos comprender de qué forma funciona el cerebro de nuestros hijos, podremos acompañarlos de una forma asertiva en su desarrollo y cubrir las necesidades que cada uno tenga.

Cuando he visto en consulta a niños y adolescentes, el primer contacto que tengo es con los padres de familia y/o responsables de la educación de los menores y la realidad es que los educadores, brindan un amplio panorama del problema que los hijos pueden tener. Me ha pasado en un par de ocasiones que los padres están tan pendientes del desarrollo y salud integral de sus hijos, que cuando me relatan el motivo por el cual acuden a la terapia, me brindan una hipótesis del diagnóstico que en muchas ocasiones después de ver a los niños, puedo constatar. Podríamos decir en pocas palabras que los educadores son los que nos marcan la pauta de por dónde comenzar con el tratamiento de los niños, es por eso que es primordial conocer de qué forma funciona el cerebro y mente de nuestros hijos.

A continuación develaremos algunos puntos que considero de mayor importancia conocer, algunos de los datos a mencionar fueron inspirados y basados en los libros y entrevistas de la psiquiatra Marian Rojas Estapé:

## Cortisol

El *estrés* es el detonante de muchas enfermedades como las que ya mencionamos anteriormente, ansiedad, algunos trastornos, depresión, incluso todos los traumas, conllevan su buena dosis de estrés. Explicaremos en este punto qué es el cortisol, también conocido como la *hormona del estrés* y cuáles son sus repercusiones en el cerebro humano. Nuestro cerebro naturalmente produce cortisol, funge como responsable de la supervivencia. Podría decirse que su función y la razón por la que nuestro cuerpo lo produce es para afinar nuestros sentidos en una situación de emergencia; nos brinda la capacidad de reaccionar. Por ejemplo, si nos encontramos en un edificio y alguien grita *¡fuego!*, se dispara y buscará la forma de salvarnos de una situación de peligro. Este *shot* de cortisol tarda de 6 a 8 horas en volver a su estado basal y deja nuestros sentidos alertas ante el riesgo. Curiosamente, al recordar esa experiencia ¡lo vuelve a producir en igual cantidad y forma que cuando sucedió! El cerebro no diferencia la realidad de la ficción y el estar recordando una situación de estrés, genera un exceso de cortisol que intoxica el cuerpo dañando órganos que son sensibles a éste y existen estudios que han arrojado un resultado altamente propenso a desarrollar algunos tipos de cáncer debido a esta producción en exceso.

Existen tres signos evidentes; físicos: manchas en la piel, migrañas, colitis, algunas enfermedades y hasta cáncer; psicológicos: ansiedad, irritación, insomnio, agotamiento, tristeza, depresión, y de comportamiento: principalmente el aislamiento.

Lamentablemente nunca en la vida nuestra sociedad ha estado tan sobreestimulada y estresada como ahora. A nivel mundial, cada 2 días se genera la misma información que equivale a 5,000 años antes del Internet, lo que delata que este mundo digital contribuye en gran medida a la producción de cortisol en nuestro cuerpo.

## Telómero

Los estadounidenses Elizabeth H. Blackburn, Carol W. Greider y Jack W. Szostak han sido galardonados con el Premio Nobel de Medicina y Fisiología 2009 por el descubrimiento de cómo los cromosomas son protegidos por los telómeros y por la enzima telomerasa.

El Premio Nobel de Medicina 2009 que concede el Instituto Karolinska de Estocolmo, se otorgó a los descubridores de los telómeros y la enzima telomerasa: Elizabeth H. Blackburn, Carol W. Greider y Jack W. Szostak. Los telómeros y la enzima que se produce para mantener las células jóvenes, la telomeraza, afectan tanto al proceso del envejecimiento como del cáncer.

Los telómeros son una estructura que protege el extremo de los cromosomas humanos y del envejecimiento, es decir, se encargan de su estabilidad.

Existe una enzima llamada *telomeraza*; es un mecanismo básico para la vida, sin embargo, se contrarresta su función mientras exista el cortisol.

En estudios epigenéticos se mide el telómero para saber la propensión a enfermedades. Los niños que sufren estrés, abuso, padres separados, maltrato y problemas serios, entre otros. tienden a que sus telómeros se acorten y mayor propensión a enfermar.

## Corteza prefrontal

Es la parte de nuestro cerebro para la resolución de problemas, voluntad, concentración, planificación y la que nos hace diferentes a los animales; es la encargada del autogobierno.

Cualquiera que tiene hijos, lo primero que quiere es que sepan controlarse, cuando un niño nace, la corteza prefrontal es completamente inmadura porque es en el momento que comienza a desarrollarse y aprender del mundo que lo rodea. Se estimula únicamente con tres cosas: luz, sonido y movimiento. Un bebé de un par de meses de nacido es sensible y pone especial atención en estos tres aspectos, repito, luz, sonido y movimiento, se captará la atención del bebé cuando se prenda una luz, cuando alguien le hable o cuando observe un objeto o persona moverse. A medida que pasa el tiempo, lo que nosotros deseamos es que nuestros hijos pongan atención en clase, coman sentados en la mesa y demás actividades en las que esperamos que aprendan a autorregularse y controlarse. Esto depende de la corteza prefrontal, pero ¿qué pasa si cuando empiezan a desarrollarse las neuronas, de los cero a los tres años, le damos una pantalla a un niño? Existe una regresión al momento del nacimiento donde la corteza prefrontal es totalmente inmadura, ¿qué es una pantalla? La respuesta es nuevamente: luz, sonido y movimiento. Llega el niño a la edad de cuatro o más años y por supuesto, no se puede controlar ni autogobernar porque hemos bloqueado la gran capacidad que esta parte del cerebro tan importante tiene.

Existen muchos niños diagnosticados con TDA o TDAH teóricamente, pero en muchas ocasiones puede ser un diagnóstico incorrecto y esto se debe a esa sobreestimulación del cerebro al estar expuestos a las pantallas y la inmadurez que propiciamos en la corteza prefrontal.

Este TDA o TDAH teórico hace que sea un hecho en la gran mayoría de los casos que el niño sea propenso a una depresión o que migre a otros trastornos. Joachim Bauer, quien es un médico alemán con educación en Medicina Interna, Psiquiatría y Medicina Psicosomática, ha descubierto y asegura que la gente que tiene un autogobierno es la gente más feliz. Un niño por naturaleza es inquieto, le gusta jugar, habla mucho, observa, pregunta, se mueve... es trabajo de nosotros como padres enseñarles a regularse, acompañar en el descubrimiento y gestión de las emociones, enseñar con el ejemplo lo que es la voluntad y la conquista de la misma. El detener su desarrollo con una pantalla y pasar de largo esta importante misión de educar con límites, sólo truncará el desarrollo de su corteza prefrontal, lo que acarreará consecuencias a corto plazo.

Enrique Rojas, un reconocido psiquiatra español que se ha dedicado a la investigación y tratamiento de depresión y ansiedad entre otros temas, tiene un libro llamado *La conquista de la voluntad* y comparte la siguiente frase: "Una persona con voluntad llega más lejos en la vida que una persona inteligente."

Viviendo en la sociedad de lo instantáneo, donde todo se encuentra a un *click* de distancia, no es de sorprendernos que la corteza prefrontal y su desarrollo queden a un lado.

"Existen estudios que aseguran que los genes se modifican con el uso de pantallas y provocan gente frágil", comparte la psiquiatra Marian Rojas Estapé. Es demasiado evidente, más porque la era digital se ha instalado en la etapa del ser humano más vulnerable; la infancia, en la que el cerebro aún está *en obras*, a medio hacer y que muchos papás sin saber y sin quererlo así, están truncando la capacidad de desarrollo y formación por permitir el uso de pantallas y por una educación sin límites.

En el mundo de la inmediatez, existen dos cosas que no lo son: el trabajo y el amor. Tristemente en la era tecnológica, no se está preparando a los niños para estos dos rubros, ya que todo se les otorga forma fácil y sin complicaciones.

"Todo lo que quieras lo puedes tener inmediatamente, menos la satisfacción laboral y la fortaleza en las relaciones" Simon Sinek.

## Hipocampo

Es la zona del cerebro encargada de la memoria, la navegación espacial y la orientación. Está rodeada por una parte muy sensible al cortisol, es por esto que la gente que tiende a estar estresada, olvida cosas con facilidad, no recuerdan dónde dejaron algunas cosas, olvidan citas o fechas importantes, no recuerdan qué tenían que hacer pero saben que algo importante se les olvida. Las personas con Alzheimer, lamentablemente tienen completamente disfuncional el hipocampo.

¿Quién en la actualidad tiene mejor memoria que antes de tener la tecnología al alcance? Puedo asegurar que ningún usuario, porque le estamos dejando a los aparatos las tareas que nuestro cerebro debe desempeñar, nos "facilitan" la vida, pero nos atrofian el cerebro. El hipocampo que se encargan de la orientación y de la memoria deja de funcionar porque ahora los encargados son los aparatos. El celular nos recuerda todo, el GPS y otras aplicaciones que nos orientan, han desplazado el ejercicio mental que le corresponde a la persona para dejarlo en manos del "Smartphone"; la inteligencia se ha atribuido al aparato y se le ha quitado al hombre.

Por cierto, me llama la atención el término *celular* que se refiere al dispositivo móvil cuando originalmente la palabra en términos médicos se refiere a un conjunto de células, algo que puede tener que ver en la intromisión y repercusión que ha tenido en la vida sobre todo a nivel neuronal del ser humano desde su llegada.

Manfred Spitzer en su libro *Demencia digital*, habla de cómo la mente de las personas va en decadencia debido a las pantallas que hacen todo por nosotros y nos quitan el trabajo mental.

Estoy consciente de que la tecnología tiene cosas buenas, pero debería ser complemento de lo que nuestro cerebro aprende, que nos sirva a nosotros y no servir nosotros a ella, no sólo llenarnos de información; nuestro cerebro necesita formación, la gente formada es libre, tiene criterio y el momento ideal para ejercitar nuestra mente y la salud de la misma es la niñez y adolescencia.

## Dopamina

La dopamina, también llamada la h*ormona del placer*, es la sustancia de *recompensa* de nuestro cerebro, sin embargo, cuando existe una "sobredosis", se produce una adicción. Algunas de las situaciones que normalmente hacen que nuestro cerebro segregue la dopamina pueden ser: fumar, tomar bebidas alcohólicas y las relaciones sexuales, que claramente se les prohíbe a los niños y no son permitidas ni lícitas hasta la edad adulta que se considera que el cerebro tiene mayor madurez. El uso de pantallas, las redes sociales en especial, producen una mayor cantidad de dopamina en el cerebro de las personas sin prohibición para ninguna edad; tampoco se difunde el riesgo de daño que existe a nivel neurológico, ni tampoco existe una advertencia como las que vemos en las cajas de los cigarros de un tiempo a la fecha con cáncer de boca y garganta, pies necrosados, advertencia de impotencia sexual, problemas de la vista, personas intubadas y demás muestras gráficas de las consecuencias que conlleva el uso del tabaco, evidentemente en la industria tecnológica, no conviene advertir o siquiera mostrar las consecuencias de lo que ocasiona el uso y abuso de las pantallas porque dejaría de ser el negocio millonario que mueve al mundo.

Un claro ejemplo son los *likes* que en la actualidad se han vuelto un sistema de recompensa por la dopamina que se produce al recibirlos, es un gran incentivo para muchos jóvenes; se ha vuelto una vía de escape, sobre todo para un adolescente que está en búsqueda de su identidad, la realidad es que la vida se le muestra a través de *filtros* y ésa es su referencia de lo que es correcto.

## Ínsula

Es otra parte importante de mencionar en nuestro cerebro. Algunas de las principales funciones de la región insular, es que influye en una gran cantidad de procesos básicos y superiores (relacionados con pensamiento abstracto y toma de decisiones), es una parte de gran importancia para el correcto funcionamiento e incluso, la supervivencia del organismo.

Tiene grandes conexiones con el sistema límbico. En este aspecto, recientes investigaciones han indicado que esta región cerebral presenta un papel clave en la capacidad de reconocimiento de emociones y de la empatía. Así, se ha manifestado que aquellos individuos a los que les falla la ínsula presentan un reconocimiento mucho menor de sus emociones y de las emociones de los que están alrededor, especialmente en lo que respecta a la alegría, sorpresa y dolor y naturalmente se da una notoria falta de empatía.

La empatía es una palabra cuyo significado actualmente se ha distorsionado, quien acuñó esta palabra fue Edward B. Titchener, la etimología de la palabra empatía, quiere decir "sentir adentrándose en el otro, compenetrarse". En una ocasión uno de mis maestros, compartió que la empatía fue descubierta en un hospital donde estaban internadas un conjunto de mujeres que al contar sus historias de vida y padecimientos, eran entendidas por las otras y llegaban a un punto en el que se conmovían y lloraban pensando en que eso les pudiera suceder en primera persona, es decir, se ponían en los zapatos de la otra persona.

Agustin Laje en su libro *Generación idiota*, habla de que la empatía es la capacidad de ponerse en el lugar del otro y no implica la obligación de hacer del sentimiento y la emoción ajenos una fuerza de mayor importancia que la verdad.

El área insular que es donde se encuentra principalmente esta gran capacidad de empatizar con el otro, entenderlo y así poder establecer sanas relaciones sobre todo con las personas que nos rodean, es sensible a los altos niveles de cortisol, el uso de pantallas entonces, que como ya vimos eleva agresivamente los niveles de cortisol, coloca a las personas en un punto de inflexión e indiferencia hacia los otros, en especial a los niños que cuentan con una plasticidad cerebral que se ve seriamente afectada y lo podemos constatar con el alza de casos de *bullying*, la incapacidad de ver los sentimientos del otro o de sentir su dolor. Cada vez podemos notar más frialdad e indiferencia. Las estadísticas con casos de delincuencia, de violaciones a la ley, de violencia por poner un ejemplo, en el tráfico, que por mínimas que sean estas infracciones, nos hablan de una falta de límites y una incapacidad de controlar las emociones y la ya mencionada, falta de empatía.

Naturalmente es agradable gozar de momentos de tranquilidad y la distracción de las pantallas hace que los niños permitan a los padres o cuidadores realizar actividades o convivir en reuniones familiares, los niños reportan estar "aburridos" en algún ambiente cuando no se les presta por completo la atención que piden, sin embargo, un niño "aburrido" hará que su cerebro trabaje en inventar cosas y desarrollará su creatividad para tener con qué distraerse, lo que dará como resultado, una capacidad de resolver problemas con las redes neuronales que permitiremos que se desarrollen. Es una capacidad nata que se ve truncada cuando facilitamos un dispositivo para "entretener" al niño aburrido.

## Concentración

¿Qué pasa en la actualidad con la concentración? Ya la mencionamos en la parte de la corteza prefrontal, pero ahora ahondaremos en el tema que concierne a la concentración y qué implicaciones tiene en nuestro día a día la falta de la misma. Actualmente es imposible lograr una concentración completa si permanecemos pendientes de las notificaciones que tenemos en nuestros dispositivos.

El doctor Clifford Nass fue conocido por su trabajo en las diferencias individuales asociadas con la multitarea de los medios, lo que comúnmente llamamos *multitask*, Nass comparte que la atención se reduce en un 50% al estar realizando una tarea y al mismo tiempo, viendo un mensaje o revisando las redes sociales.

En el momento de la historia en que se crearon los medios para envío de correo de forma digital, lo que conocemos como e-mail, el receptor podía ver de forma inmediata lo que el emisor quería comunicar, se pensó que podía ser una solución a la comunicación y que serviría para delegar tareas o agilizar pendientes "desahogando" así la mente, sin embargo, esta forma de *multitask*, lejos de desahogar, comenzaría a saturar. En la actualidad, cuando una persona en una oficina, comienza con sus tareas frente a un ordenador, difícilmente tendrá una sola ventana abierta, el cerebro desea tener todas las tareas frente a sus ojos, lo que de pronto dificulta el poderse concentrar y concretar una sola tarea a la vez.

Es bien sabido que la concentración de un hombre y una mujer es absolutamente distinta, pero aunque las mujeres realicemos muchas tareas a la vez y sean parte de nuestra rutina, la concentración hacia una sola actividad se reduce. En los hombres es más común pensar en el porcentaje antes mencionado o incluso, podríamos asegurar que en algunos casos es mayor al 50%, las funciones cerebrales se enfocarán en trabajos muy distintos tanto en hombres como en mujeres. Viendo esta estadística desde otra perspectiva, es más probable que un hombre que hace una sola tarea a la vez, la realice con mayor esmero que una mujer que está pendiente de muchas cosas a la vez.

Existe una actividad que tiene considerables aportes a la función de nuestro cerebro y que favorece el intelecto y la cultura, tengamos la edad que tengamos, hablo de la lectura. Sin embargo, se vuelve todo un reto el poder leer un libro porque por lo general, la gran mayoría de las personas, mientras leemos, tenemos el teléfono a un lado *por si algo se llegara a ofrecer,* es imposible concentrarse o dedicarle tiempo a la lectura si estamos constantemente dispersando nuestra mente con el uso de las pantallas, nos vendrían bien un par de horas de dejar a un lado la tecnología y realizar diferentes actividades. En este caso, la lectura es una excelente opción, que por enunciar algunas de sus bondades y aportaciones en nuestra salud, es un antídoto contra la depresión y la ansiedad aunado a la capacidad de concentración y qué mejor elegir un buen libro que nos haga mejorar nuestra personalidad o aprender algo nuevo.

**Alimentación**

En esta última parte que conforma el capítulo de nuestro cerebro y mente, no podía dejar a un lado la especial tarea de cuidar y velar por su desarrollo haciendo un énfasis especial en la alimentación. Si bien estoy invitando a cuidar la trascendental y primordial parte que es nuestro cerebro que rige todo el cuerpo, hay otra de igual importancia que motiva y determina su funcionamiento: lo que comemos. Comenzaré por compartir uno de muchísimos testimonios sobre la repercusión que tiene en el desarrollo de los niños.

Una mamá de un niño de 1 año de edad recibe el diagnóstico de que su hijo padece autismo. A lo largo del tiempo pasó por 4 neuropediatras y varios neuropsicólogos que son los que confirman este diagnóstico. Naturalmente, comienza a leer libros que contienen información sobre el autismo con la intención de entender y poder sobrellevar este diagnóstico que le dan. De pronto, coincide con otro médico y al platicar, le sugiere revisar la alimentación de su hijo. La madre se pregunta qué tendría que ver la alimentación con el diagnóstico de autismo que había recibido, el médico le informa que cuando los niños tienen una alimentación saturada de colorantes, puede que se comporten de cierta manera que se confunde con los rasgos del autismo. Entonces, comienza a investigar e incluso, a estudiar diferentes especialidades relacionadas con la nutrición y la repercusión de la misma en los trastornos comúnmente diagnosticados, sobre todo en los niños. Descubre todos los tóxicos que contienen los alimentos que usualmente consumimos, particularmente los dulces, también se da cuenta que su hijo tiene una dieta basada en comida rápida, dulces confitados, chocolates y demás golosinas, que por ser pequeños, se cree erróneamente que no dañan y que es el momento ideal para promover su consumo. De pronto, le retira a su hijo todos los productos procesados, enlatados y los dulces, comienza con una dieta *detox* en la que incluye jugos verdes. Tres meses posteriores a este cambio radical, su hijo comienza a hablar, cosa que le pronosticaban impensable ante el diagnóstico del tipo de autismo que había recibido tiempo atrás. En ese entonces asiste con el neuropediatra que los atendía y le diagnostica a su hijo con Asperger, por lo que la madre nuevamente se ve inmersa en el estudio para comprender cómo poder ayudarlo. Ella sigue firme en la alimentación y en su camino de aprendizaje en este tema. Vuelve más adelante con su especialista y recibe un nuevo diagnóstico, ahora se trata de una hiperactividad, posteriormente en otra cita con su especialista, le diagnostican déficit de atención. Después de recibir los anteriores diagnósticos, mantiene ese nuevo régimen, pasa un año y los médicos le informan que su hijo es un niño completamente normal. Se preguntaba cómo era posible que habiendo pasado por tantos médicos, ninguno se hubiera enfocado en la alimentación, incluso el diagnóstico incluía tomar un medicamento llamado Ritalín que afecta principalmente al sistema nervioso central y su efecto es similar aunque en menor grado, al de una anfetamina.

Muy probablemente, si esta madre no se hubiera percatado de la trascendencia de cuidar la alimentación de su hijo, hoy día estaría malamente afectado por el medicamento y erróneamente diagnosticado con alguno de los anteriores veredictos de los profesionales de la salud por los que pasó.

No es mi intención criticar esta noble profesión, incluso conozco excelentes especialistas en la rama médica que son una eminencia, sin embargo, esta mamá tuvo la mala fortuna de toparse con algunos que se dejaron llevar por un rasgo aparente y no ahondaron en lo que le causaba los síntomas que presentaba su pequeño.

Esta historia es una de muchas que existen, sólo que tuvo un desenlace positivo, ya que gracias a esto que pasó esta madre, le nació la necesidad de poner una tienda de productos libres de tóxicos para toda la familia llamada Verde Eucalipto, en Monterrey, Nuevo León.

Lo anterior lo pongo sobre la mesa para que consideremos que una buena alimentación es una de las partes fundamentales en la vida de nuestros hijos y el papel trascendental que juega en el desarrollo de su cerebro.

Existen muchos diagnósticos que no van acompañados de un estudio a profundidad o que se quedan sólo en la sintomatología del paciente sin saber qué hay detrás en cuestión emocional y en este caso que compartí anteriormente, no hubo un cuidado en conocer la dieta del niño que fue lo que le causó los aparentes trastornos por los que estaba pasando.

Muchos diagnósticos de TDA y TDAH también pueden ser revertidos o mejorados en gran medida si existe una dieta correcta.

En consulta, tanto en adultos como en niños, me gusta en la entrevista previa a la terapia, informarme de rutinas y a profundidad pregunto sobre la alimentación, muchas veces me da la pauta para saber qué es lo que la persona necesita retirar de su dieta o qué vitaminas o suplementos le pueden ayudar para así favorecer su salud mental, incluso si veo necesario, recomiendo el apoyo de un especialista en el tema de la nutrición.

Los niños comerán lo que se les ofrezca y se acostumbrarán a lo que se les invite a probar y sobre todo, los niños comerán lo que vean que los demás en casa disfrutan.

# Capítulo 8
# Los padres como formadores

*Los hombres han olvidado esta verdad —dijo el Zorro—, pero tú no debes olvidarla. Eres responsable para siempre de lo que has domesticado.*

**El Principito**

Algunos de los miedos más grandes a los que me he dado cuenta que los padres en la actualidad se enfrentan, es a que los hijos los consideren malos o a que los hijos vivan alguna situación adversa, a poner límites... todos deseamos ser buenos padres, darle lo mejor a nuestros hijos y que crezcan sanos y felices, (por lo menos espero que los que lean este libro así lo deseen). Sin embargo la sobreprotección ha sido un impedimento para educar niños sanos y felices, incluso ha sido un gran obstáculo para la salud mental, he presenciado de qué forma los niños ahora tienen control sobre sus padres y se les deja una responsabilidad y una carga innecesaria que es llevar las riendas de su vida a esta temprana edad. Me han llegado a describir a "un hijo tirano" pero ¿quién le ha otorgado este súper poder?

El padre Ángel Espinosa de los Monteros L.C. comparte en una de sus reflexiones *¿educas y formas o sólo domesticas a tus hijos?* Pone un ejemplo de unas gatitas siamesas que tuvo cuando era adolescente, estaban muy pequeñas así que un par de días les dio leche pero después vio que les gustó un pedazo de jamón y se le hizo fácil darles lo mejor que encontró en su refrigerador (jamón, salchicha, pollo, hamburguesas). Nunca se dio cuenta que las felinas estaban engordando al punto de enfermar porque no soportaban su propio peso y sus huesos no se desarrollaron debido a la inadecuada alimentación, era irreversible el daño que les había causado con lo que él creyó que era un buen trato.

Lo mismo estamos presenciando hoy día con algunos casos en los que los padres podemos dejarnos llevar por nuevas corrientes o pedagogías sin sustento o poco fundamentadas en las que nos hacen creer que se le está dando lo mejor a los hijos o que los estamos educando de forma respetuosa cuando en realidad los estamos haciendo frágiles y como resultado veremos que no tendrán la capacidad de resolver conflictos o soportar alguna frustración más adelante. Lejos de darles herramientas que fomenten su independencia y respetuosamente podamos culminar la tarea que se nos ha encomendado que es educar, estamos yendo hacia el lado contrario.

Al principio de este libro mencionamos tres cosas que nos corresponde a nosotros como padres y educadores desarrollar y descubrir en nuestros hijos; virtudes, talentos y habilidades. Si dejamos las riendas de la educación a los hijos mismos, estaríamos dando una tarea para la cual no están capacitados y lejos de culminarla, podrían no realizarla, si queremos optar por un respeto el cual merece cualquier ser humano, respetemos también las etapas, capacidades y tareas que corresponden a nuestros hijos y a nosotros como padres a lo largo de la vida.

Tampoco podemos delegar esta tarea a las instituciones educativas, en las que también debemos estar pendientes para evitar cualquier tipo de adoctrinamiento que vaya en contra de nuestras convicciones, valores o creencias. Y aunque se opte por la mejor opción a nivel académico, la inteligencia y la conciencia se forman en casa, no sólo es necesario apostar por la información sino por la formación de nuestros hijos.

A propósito del tema académico, hay gente que ha egresado de los mejores colegios a nivel mundial, sin embargo como mencioné anteriormente, no podríamos delegar la responsabilidad de la formación únicamente a las escuelas, es decir, a lo largo de la historia ha habido gente que en apariencia ha sido brillante, precisamente por la formación académica que los respalda, sin embargo, han ocasionado daños irreversibles, ha habido presidentes con una formación académica increíble pero que promueven la cultura de la muerte, que se promulgan a favor de las guerras o que son deshonestos, por eso la importancia de no delegar esta tarea trascendental que nos compete a nosotros como educadores.

Sobre la vieja excusa de que no nacemos sabiendo ser padres, en la actualidad hay tantos medios para formarnos como formadores, existe una amplia bibliografía con consejos, vivencias, estudios y una cantidad de material increíble en todos los medios de comunicación, sin embargo, incito e insisto que no perdamos el sentido común para no dejarnos engañar por las corrientes o propuestas que no abonan con la formación de nuestros hijos. También existe la posibilidad de solicitar un acompañamiento que pueda servir de guía en caso de requerirse, siempre velando porque sea una persona afín a nuestros valores y eligiendo de forma responsable a un profesional que cuente con la formación necesaria.

## Formación, supervisión y confianza

Es imprescindible la presencia de los padres como formadores, las herramientas que podamos darle a nuestros hijos en sus primeros años de vida, les servirán para el resto de su vida, es por eso que la etapa que se contempla para la formación que es la más importante de todas, la podemos considerar en la niñez, es decir de los 0 a los 12 años, incluso es el momento ideal para blindarlos contra todos los peligros a los que puedan estar expuestos más adelante.

Seguido de esto, los niños están por adentrarse a una nueva etapa de vida, hablo de la adolescencia, que corresponde a un rango de edad de los 12 a los 18 años, donde se nos revela una nueva tarea: la supervisión, es el momento en donde podemos percatarnos de qué tan bien hicimos el trabajo anterior, aún tenemos la oportunidad de pulir en caso de ser necesario, algunos aspectos que hayamos omitido durante la formación. Los adolescentes comienzan a tomar sus propias decisiones, la supervisión les ayudará a tomarlas con prudencia y a evaluar y ejecutar sus acciones de forma responsable y pensada. Los adolescentes aún se guían por los sentimientos, es por esto que necesitan una luz que les despierte la parte racional de su cerebro y pueda ayudarles a tomar de forma adecuada, las riendas de su vida.

Después, llega la etapa de la juventud, que concierne a los jóvenes de 18 años en adelante, en la cual nos corresponde experimentar la confianza en que todo lo que enseñamos, que corregimos y supervisamos hizo a un hijo en el que podemos depositar dicha confianza.

Ante esto, obviamos la importancia de tener presencia no sólo física sino en todo sentido para lograr una influencia positiva en nuestros hijos. Para incentivar la convivencia y la presencia de los padres, sugiero planear por lo menos un día de actividades recreativas en familia a la semana (si ya lo haces, ¡felicitaciones!), salir a caminar y tomar aire en familia, ir al campo, a parques, jugar, practicar algún deporte, incluso, dentro de casa, compartir un juego de mesa, jugar juegos viejos, leer libros, cocinar juntos, hacer manualidades, ver fotografías viejas y si se desea entrar realmente al corazón de los hijos, háblale de tus historias, tus experiencias, tus lágrimas. Tenemos la fortuna de poder compartir nuestras vivencias, lo que contribuirá a desarrollar favorablemente en ellos una capacidad de diálogo y escucha, aunado a que estamos abonando en el terreno de su protección emocional.

# Capítulo 9
# Sentido

*Una sociedad en la que la educación con sentido común, dejó de ser tan común.*

El sentido común es una capacidad natural que todas las personas poseemos, que no requiere de un estudio científico o de investigaciones teóricas, al contrario, resulta de la experiencia de las personas y surge en gran parte de lo que aprendimos durante nuestra crianza. Por poner un ejemplo, sabemos por sentido común que si comemos algún alimento echado a perder, lo más probable es que nos haga daño, o sabemos por sentido común, que si cruzamos una calle sin fijarnos en el semáforo, si hay algún vehículo en circulación muy probablemente nos arrolle. El filósofo francés Descartes, señalaba que el sentido común era la cualidad mejor repartida del mundo, se refería a que todo ser humano había sido dotado con un sentido común que naturalmente le hacía ver un panorama ante diferentes situaciones. Sin embargo, otro filósofo francés, Voltaire, decía que *el sentido común es en realidad el menos común de los sentidos*... ¿será que ha ido mermando esta capacidad natural en los seres humanos?

Como ya mencionamos anteriormente, hay algunas teorías y modelos de crianza sin aval suficiente que no ahondan en las repercusiones a nivel mental de sus propuestas, precisamente detecto una falta de sentido común y de desconocer los principios básicos para una crianza sana y que favorezca un desarrollo óptimo en los niños. Las consecuencias de no usar y de no trasmitir el sentido común, crea una propensión en los hijos para carecer de otro tipo de sentido; el sentido de vida.

El sentido de vida en nuestros adolescentes se ha ido perdiendo, hablo de encontrar un propósito, así como la misión que cada uno tenemos en la vida, un por qué venimos al mundo y un para qué venimos al mundo. Podemos verlo reflejado en las estadísticas de suicidio que van a la alza día a día, también explica el vacío existencial que hay en tantas vidas y que se pretende llenar con adicciones de toda índole, sexo sin compromiso, delinquir, romper reglas y diferentes acciones que podrían catalogarse como suicidas, es decir, que no contemplan las consecuencias. Volvemos a caer en una falta de límites durante la etapa de la formación al dejar que el niño decida con inmadurez lo que es bueno o no para él según un criterio que aún no está formado y que él sea el responsable de su crianza, estamos restando la capacidad que tendrá de comenzar con la búsqueda de sentido en su adolescencia. En palabras del Dr. Viktor Frankl fundador de la logoterapia en su libro *El hombre en busca del sentido, Me atrevería a afirmar que, aun en las peores condiciones, nada en el mundo ayuda a sobrevivir como la conciencia de que la vida esconde un sentido.*

El ser muy indulgente con los niños, en muchas ocasiones deja a un lado el aprendizaje de que la vida tiene un sentido y todo acto, consecuencias; no todo en la vida lo resolveremos nosotros los padres para que los hijos no tengan siquiera que esforzarse. *La vida humana nunca, bajo ninguna circunstancia, deja de tener sentido, y este sentido infinito de la vida incluye también el sufrimiento y la agonía, las privaciones y la muerte.*

Trasmitir a nuestros hijos el sentido de vida incluye descubrir las respuestas a las interrogantes que planteó Sócrates, uno de los más grandes filósofos griegos de la historia: *¿Quién soy? ¿De dónde vengo? ¿A dónde voy?* y otra interrogante que algunos filósofos han agregado es, *¿con quién voy?*

*Debemos aprender por nosotros mismos, y enseñar a los hombres desesperados, que en realidad no importa lo que esperamos de la vida, sino que importa lo que la vida espera de nosotros.* Viktor Frankl

## Adolescencia, agresividad y rebeldía

Hablamos del *sentido* en el punto anterior y me gustaría no perder el hilo para hablar de cómo se ha perdido actualmente al entrar en la adolescencia. La adolescencia es la etapa de la vida en la que comienza la pubertad; existe un duelo porque se deja la infancia que hasta ese momento, daba identidad al infante y creaba un vínculo y una dependencia a los padres que está por terminar. También se considera un reto porque es el primer paso a la vida adulta con el desarrollo tanto físico como mental para comenzar a vivir de una forma más independiente.

Según la Organización Mundial de la Salud (OMS), la adolescencia es una de las etapas de la vida y uno de los grupos de población que se ubica entre los 10 y 19 años de edad (definición cronológica). Se inicia con la pubertad, la cual se caracteriza por cambios biológicos y corporales como son el desarrollo de los caracteres sexuales secundarios y la adquisición de la capacidad reproductiva (definición biológica).

La adolescencia existe desde siempre, lo que ha cambiado es el mundo en el que la persona vive su pubertad. El adolescente está en búsqueda de su identidad, de quién es, cómo es que piensa y qué quiere. En este camino imitan figuras con las cuales se puedan identificar, ahí surge la admiración a los falsos ídolos como los *influencers*, los artistas, algún famoso o un amigo más "experimentado".

Estas transformaciones que acabamos de compartir generan un desconcierto en el adolescente y pueden propiciar el que en algún momento se lastimen, cosa que hoy día es común en ellos y que nosotros los adultos creemos que es *moda*, cuando lo que pasa realmente es que existe mucha fragilidad en el adolescente. Todo el movimiento interno que está viviendo, los cambios que experimenta a nivel biológico y psicológico ocasionan que dude de sí mismo, modifique el estado de ánimo constantemente y su imagen frente al mundo, muchos optan por aislarse y otros más dejan de tener miedo al peligro. Hay un miedo que es esencial en la vida de todo ser humano que nos hace detenernos ante situaciones en las que sabemos que podemos arriesgar la vida o lastimarnos, pero el adolescente puede pensar que *no pasa nada* por esta inmadurez que tiene aún en su cerebro que está en búsqueda de su identidad y valía.

El adolescente piensa que está lastimando a otro, por lo regular a sus padres o a alguien que le hizo algún daño. En los casos en los que me ha tocado conocer la historia a fondo, algunos jóvenes optan por quitarse la vida por ciertas frustraciones; un amor no correspondido o por una traición de la pareja, incluso estoy sorprendida del número de casos en los cuales el motivo es que los padres castigan el celular con lo que los adolescentes pierden total y absolutamente el control de sí mismos.

Otro dato para reflexionar es que en esta última década, la drogadicción en México aumentó un 300%; el narco ha invadido los hogares de muchísimos mexicanos y ha dejado expuestos a nuestros jóvenes. El combate al narco no ha podido frenar que las drogas dañen a tantas y tantas personas y los adolescentes en éste *no pasa nada* que mencionábamos, no han sido la excepción por no ser plenamente conscientes del daño que esto les puede ocasionar.

Vuelvo a citar a Viktor Frankl: "Un hombre que se vuelve consciente de su responsabilidad ante quien lo aguarda con todo su corazón o ante una obra por terminar, nunca será capaz de tirar su vida por la borda". Y citando a Friedrich Nietzsche: "Conoce el porqué de tu existencia y podrás soportar casi cualquier cómo". Vale la pena estar siempre al pendiente de nuestros hijos adolescentes; hacerles saber que estamos ahí para ellos y sobre todo, que un maravilloso futuro les espera, no sólo decirles *todo pasará* o que es una *etapa difícil*; aprendamos a escuchar incluso, sus silencios permaneciendo al pendiente de ellos.

## Adolescencia y sexualidad

Al hablar del sentido y de la búsqueda de identidad del joven que entra en edad adolescente, no podemos dejar a un lado la parte fisiológica. Tocaremos el tema con énfasis en los puntos que considero que competen a este libro.

Según encuestas, en México, la población adolescente de entre 10 y 19 años de edad representa el 23.2% del total, es decir, casi 21 millones. La edad promedio para el inicio de relaciones sexuales es de 16 años. Los varones, antes que las mujeres con una diferencia de uno o dos años. El 76% de los varones solteros y el 35% de las mujeres solteras menores de 20 años declaran haber tenido relaciones sexuales. Los hombres, su primera relación sexual con una amiga, mientras las mujeres, con su novio.

Los problemas que afectan la sexualidad como: riesgos de embarazos no planeados, maternidad y paternidad tempranas, matrimonios forzados, abortos, infecciones de transmisión sexual, VIH/SIDA y abuso sexual, entre otros, son motivo de estudio y atención por los especialistas y las instituciones que trabajan en el diseño y prevención de programas y servicios en salud sexual.

El embarazo en la adolescencia representa un alto riesgo, debido a que aún no se ha consolidado el desarrollo físico y en su mayoría, no se encuentran en las condiciones emocionales y económicas para formar una familia, aunado a esto, el 60% de las mujeres que se embarazan en la adolescencia, no han asistido a la escuela.

Estos casos pueden presentar: depresiones, somatizaciones (enfermedades psicológicas que se manifiestan en problemas médicos), sentimientos de minusvalía, fantasías de autodestrucción (suicidios) y de culpa. Se enfrentan al rechazo de la familia del novio y de la sociedad en general, que en ocasiones se traduce en maltrato emocional y físico. También pueden ser obligadas a contraer un matrimonio forzado. Otras, deciden quitarle la vida a sus hijos en gestación y en muchos casos, lo hacen en condiciones inadecuadas, lo cual puede ocasionar problemas de salud, tales como infecciones del aparato sexual, esterilidad y hasta la muerte. Las adolescentes que no habían desertado de la escuela, cuando se embarazan, dejan los estudios, y si los continúan les es difícil responder de igual manera ante las responsabilidades escolares y maternales. Asimismo, se hacen más dependientes de sus padres, o si se unen, de sus suegros, ya que necesitan de su ayuda para la atención, educación y manutención del hijo.

Cito una parte del libro titulado *Desarrollo psicofísico y espiritual de la sexualidad en el niño y el adolescente* del doctor Andrés Gottfried, experto en análisis existencial:

**La difícil etapa de la adolescencia**

A partir de los 11/12 años nace la primera fase de la adolescencia, durante la cual se producen modificaciones importantes que se caracterizan por grandes cambios: 1) cambios endocrina pluriglandular; 2) cambios de los caracteres sexuales secundarios; 3) cambios psíquicos y de la personalidad; 4) cambios espirituales y; 5) cambios generales sociales.

La adolescencia es una etapa decisiva en la adquisición y consolidación de su personalidad, de su identidad sexual y de los estilos de vida. Ya que se consolidan algunas tendencias comportamentales adquiridas en la infancia y se incorporan otras nuevas provenientes de entornos de influencia. Por ello los adolescentes son una materia moldeable, receptiva, muy abierta a las influencias de los modelos sociales y de los entornos de vida que frecuentan.

La escasa presencia física o de accesibilidad frente a los padres, la ausencia de los mismos y la falta de supervisión de éstos, acompañada por una falta de comunicación con los hijos en relación con las actividades de la vida diaria, se asocian con una mayor tendencia a que éstos se relacionen con pares conflictivos, y que tengan conductas desajustadas, problemáticas, de riesgo o de carácter antisocial.

En esta búsqueda de identidad, el adolescente corre el riesgo de la confusión de roles, es decir, no logra formar un sentido de sí mismo para ocupar un espacio definido en el mundo, debido a la búsqueda de su mismidad con frecuencia experimentan o prueban varias alternativas, el adolescente necesita experimentar estas situaciones para saber quién es, hasta dónde se permite llegar y hasta dónde los demás le permiten llegar. Esta situación puede acarrearle problemas con el ejercicio de su libertad que se transforma en un libertinaje, en la expresión de su sexualidad y en el uso o abuso de tabaco, alcohol y drogas. Lo cual significa que puede estar inmerso en situaciones altamente riesgosas como violencia, embarazo no deseado, adicciones, enfermedades de transmisión sexual y accidentes automovilísticos.

En frecuentes ocasiones los adolescentes se muestran rebeldes con sus padres, manipuladores en las acciones, caprichosos en sus deseos, oposicionistas en el respeto de normas, irreflexivos al momento de dialogar, se angustian por pequeñas cosas o salen con razonamientos ingenuos. Por eso su conducta resulta rara y muchas veces desconcertante.

Por ello, la importancia de la presencia de los padres en la etapa de la supervisión, a pesar de la común renuencia del adolescente que detona el deseo y búsqueda de independencia; esta etapa de la vida puede cambiar en un instante con una mala toma de decisiones. Es sumamente importante prepararnos para este crucial momento y ganar la confianza de nuestros hijos para que ante el peligro, el adolescente en lugar de pensar que no quiere que nos enteremos, recurra a nosotros y no a otra persona que le pueda malaconsejar.

En este capítulo, me he enfocado en la etapa de la adolescencia por ser ésta la que representa el momento en el que el adolescente comienza a hacerse preguntas existenciales incluyendo por supuesto las que mencionamos en este capítulo.

## El que con lobos anda...

*Dime con quién andas y te diré quién eres.*
**Miguel de Cervantes**

En la adolescencia, por lo general es cuando se crea un vínculo mayor con las amistades que probablemente nos acompañen hasta la edad adulta, el adolescente ahora tiene mayor libertad para elegir con quién ha de convivir dependiendo de sus intereses. Hay amistades que acompañan de una forma sana durante el camino de encontrar el sentido de la vida y amistades que puede que alejen a la persona de todo lo que pueda ayudarle a encontrar el sentido de su existencia.

Hay una interesante estadística que indica una probabilidad predominante de que si una persona inteligente se reúne con un grupo de individuos que no lo son, la persona inteligente tendrá una tendencia a disminuir su potencial y si fuera el caso contrario, en el que una persona no tan brillante se reúne con un grupo de intelectuales, incrementará su potencial.

Una analogía que queda para este tema es la de una bolsa llena de manzanas, si existe una podrida, echará a perder las demás. Lo mismo pasa con las amistades de las que nos rodeamos, con las que convivimos y que muchas veces se vuelven más cercanas que la propia familia. Nunca hay que dejar de tenderle la mano a quien lo necesita, pero al referirnos a una amistad, en esa cercanía es necesario tener afinidad y pensar en que las personas de las que nos rodeemos, sean personas que nos nutran, que inspiren y que a pesar de que puedan existir diferencias, siempre exista una afinidad.

Para encontrar buenos amigos, primero hay que enfocarse en ser un buen amigo.

A continuación, algunas preguntas que les podríamos plantear a nuestros hijos para que sepan ser buenos amigos y elegir buenas amistades.

1. ¿Crees que podrías confiar en esa persona y que esa persona podría confiar en ti?

2. En caso de necesitar un consejo, ¿acudirías a esa persona y crees que su consejo será el correcto?
3. ¿Comparten los mismos valores?
4. ¿Crees que si te equivocaras esa persona podría decirte en qué y brindarte apoyo en caso de que lo necesites y viceversa?
5. ¿Qué opinión tienen tus padres de tu amistad con esa(s) persona(s)?

Si alguna de estas preguntas tuviera una respuesta negativa, tendríamos que evaluar si nuestros hijos son buenos amigos y si se han rodeado de buenos amigos.

En cuanto al tema de la familia, debemos tener en cuenta que en muchos casos, hay familiares que han decidido tomar un camino equivocado y lo más sano dependiendo de la situación, es tomar distancia.

Los hijos como buenos aprendices de todo lo que les rodea, serán conscientes de las amistades que los padres tengan y qué tipo de amigos somos.

# Capítulo 10
# Límites, corrección y consecuencias

*Educad a los niños y no será necesario castigar a los hombres.*
**Pitágoras**

Los niños llegan al mundo sin recurso alguno. No saben dónde están los alimentos, cómo obtener refugio o satisfacer sus necesidades. Los padres son la fuente de todas las cosas buenas que un niño requiere. Si los padres dan sin límites, los hijos aprenden a sentir que tienen derecho a todo; se vuelven egoístas y exigentes. La ingratitud pasa a ser un patrón de su personalidad.

La psicopedagoga Elvira Giménez de Abad explica:

> Los límites dan seguridad. Trate de imaginarse manejando en una ruta en la que no hay iluminación, ni señalización ni líneas. La sensación de inseguridad es muy grande, ¿verdad? Bueno, ahora imagínese esa misma ruta bien iluminada, señalizada, con carteles indicadores y líneas bien delimitadas.

¿No les da mayor seguridad esta situación? Claro que sí, lo mismo sienten los niños y adolescentes cuando tienen claros los límites que deben respetar en su familia.

Tuve el caso de una niña de 4 años, estaba cursando su segundo año de kínder, esta pequeña llegó a consulta diagnosticada con colitis y gastritis por estrés. Son afecciones que no deberían de existir en una niña de esa edad; primero se me vino a la mente que sus padres la angustiaban exageradamente como para hacerla propensa a ese tipo de enfermedades, sin embargo, sí había una educación inadecuada, pero era de tipo distinto al que me imaginaba. Analizando a fondo su situación, las dos enfermedades antes mencionadas se las había causado el estrés al que se sometía debido a que estaba acostumbrada a que todo capricho se le cumpliera al momento, a que nadie la reprendiera si era déspota o faltaba al respeto, cuando alguien le decía apenas un *no* o le pedía que realizara alguna actividad, se tiraba al suelo retorciéndose y gritando, precisamente era lo que le generaba el estrés y detonaba sus padecimientos. Cabe mencionar que esta pequeña no tenía ningún tipo de impedimento de índole mental ni cognitivo, simple y sencillamente carecía de control y límites de parte de sus padres, presentaba una exposición a pantallas de más de 4 horas diarias y una alimentación inadecuada al ser renuente a comer de forma saludable. No detecté ningún tipo de trastorno en ella y aunque parecía una labor titánica poder enseñarle a seguir normas y hacerle saber que existen límites, de forma muy cuidadosa, hicimos un plan de trabajo al cual los padres se comprometieron y siguieron dedicadamente, por lo que esta anécdota, cuenta con un final feliz. Favoreció absolutamente la voluntad y dedicación de los padres para que esta pequeña comience una vida sana y feliz en la que los padres le proveen de límites y cuidados.

Podemos constatar de qué forma puede ser perjudicial un consentimiento exagerado y lejos de evitarles sufrimiento a los hijos, podríamos dañarlos muchísimo más que si asertivamente involucramos los límites en la educación. Como bien dijo Elvira Gimenez de Abad, l*os límites dan seguridad.*

Hace poco en redes sociales, mi esposo me envió un video de una pequeña en una aerolínea que se retorcía y gritaba como si estuviera poseída, comenzando el video, grita: *¡Dios, ayúdame!* primero me enojé porque no me gusta ver el tipo de contenido que imaginé que era, mi esposo me dijo que lo viera completo así que seguí observando a esta adolescente, tenía unos 12 años aproximadamente, el motivo por el cual había reaccionado de esa forma, tal cual como un poseso, fue porque su madre guardó su teléfono celular para prepararse para el despegue. Desconocemos el contexto completo del video que apenas dura un par de minutos pero que imagino que para la madre así como para los pasajeros, duraría una eternidad, no sabemos si se trata de una nomofobia (el miedo o fobia a estar sin el teléfono en mano), si habría algo guardado en su teléfono que no quería que descubrieran, muchas pueden ser las causas pero al pensar al principio que se trataba de una posesión demoniaca, no pude más que hacer una reflexión y darme cuenta de que las pantallas además de causar una adicción, llegan al grado de poseer a las personas. Éste fue un claro y vivo ejemplo.

Las consecuencias de la adicción a las pantallas sobre todo en los más vulnerables que son los niños y adolescentes, las estamos viendo con signos y síntomas muy claros, como en el caso anteriormente mencionado, los dispositivos móviles, lejos de ser una herramienta y un artículo que controlemos los humanos, han llegado a poseernos de tal forma que la gran mayoría de los casos que observamos en terapia, se resumen a algo que involucra el Smartphone.

Existe un libro titulado *Cómo hacer de un niño un psicópata* de José Martín Amenabar Beitia, un reconocido doctor en Psicología que relata su experiencia con psicópatas y delincuentes que se encuentran presos. Relata a través de una explicación psicoanalítica, de qué forma influye la presencia o ausencia de los padres en distintos momentos de la vida y de cómo la persona toma como modo de vida la forma en la que fue tratado durante su infancia.

Es un libro muy impactante, no recomendado para personas sensibles, ya que por medio de su texto, plasma tan bien la psique de las personas a las que entrevista, que el lector se ve fácilmente inmerso en el mundo de un psicópata. Lo valioso e importante de esta mención, es que es una forma de darnos cuenta de que los padres fungimos como agentes formadores de los niños, la importancia que tiene el abrir los ojos y hacer uso del sentido común para saber discernir qué es lo que más conviene a nuestros hijos en cuestiones educativas. El educar con amor implica a veces ser duro e inflexible ante cosas que sabemos que podrían dañar a los hijos, el acceder a situaciones o cosas que implican un capricho, es siempre una muestra de que no se ama lo suficiente como para saber que tal o cual cosa, no conviene o no en ese momento al niño.

Todos venimos de un padre y una madre, desde la persona más santa hasta la más perversa. He ahí donde radica la importancia de darnos cuenta de qué forma la presencia de los padres influye en la conformación psíquica de los hijos.

Abonando al tema del libro anteriormente mencionado, hay un juez de menores en Granada que comparte de forma irónica y sarcástica todo lo que a raíz de su experiencia, provoca que un menor de edad se convierta en delincuente, hablo del magistrado español Emilio Juan Ildefonso Calatayud Pérez, comparto su valioso decálogo.

**Decálogo de cómo hacer un buen delincuente.**

1. Dale al menor todo cuanto desee, así crecerá convencido de que el mundo entero le debe todo.
2. Ríe y celebra todas sus groserías, tonterías y berrinches: así crecerá convencido de que es muy gracioso y no entenderá cuando en el colegio le llamen la atención por los mismos hechos.

3. No le des ninguna formación espiritual: ¡ya la escogerá él cuando sea mayor!
4. Nunca le digas que lo que hace está mal: podría adquirir complejos de culpabilidad y vivir frustrado. Primero creerá que le tienen manía y, más tarde, se convencerá de que la culpa es de la sociedad.
5. Recoge todo lo que vaya dejando tirado: así crecerá pensando que todo el mundo está a su servicio; su madre la primera.
6. Déjale ver y leer todo: limpiar con detergente y desinfecta la vajilla en la que come, pero deja que su espíritu se recreé con cualquier porquería. Pronto dejará de tener criterio recto.
7. Padre y madre, discutan delante de él, así se irá acostumbrando. Y cuando la familia esté ya destrozada, lo encontrará de lo más normal, no se dará ni cuenta.
8. Dale todo el dinero que quiera: así crecerá pensando que para disponer de dinero no hace falta trabajar, porque basta con pedir.
9. Que todos sus deseos estén satisfechos al instante: comer, beber, divertirse... ¡De otro modo podría acabar siendo un frustrado!
10. Dale siempre la razón: son los profesores, la gente, las leyes... quienes le tienen idea.

Calatayud lleva más de 30 años dictando sentencias a más de 20 mil menores juzgados, sus sentencias estoy segura de que no se enfocan sólo en los menores, sino en la falta de formación, cuidado y amor de parte de los padres.

Existe un reportaje del año 2015 de un niño sicario que vive en Colombia, tenía sólo 12 años de edad y ya era un asesino a sueldo. El entrevistador temía por lo que se iba a encontrar, pensaba en entrevistar a un asesino sin escrúpulos ni piedad y cuál fue su sorpresa al ver la realidad; era un niño que extrañaba a su mamá y añoraba que le dedicara tiempo. Se le preguntó si deseaba permanecer en el anonimato y distorsionar su voz así como tapar su rostro pero el niño muy seguro, expresó que quería que la entrevista llegara a ser vista por su madre. Las lágrimas no se hacen esperar. El niño dice que lo único que hubiera querido y lo que hubiera hecho una diferencia en su vacía existencia, inmerso en la drogadicción y los asesinatos, es que su madre hubiera estado presente, una añoranza en sus ojos de haber sido visto y atendido por su madre.

Un ejemplo más para notar la implicación que tienen en la vida los padres como formadores. No conocemos las circunstancias que rodeaban a esta madre que abandonó a este niño, no me atrevo a juzgarla pero podemos tomar este ejemplo como un especial llamado a hacer lo que esté en nuestras manos para que nuestros hijos vivan en un entorno seguro, con la formación amorosa que implica enseñar los límites, hacer correcciones y enseñar que existen consecuencias.

En grupos y modelos de crianza actuales, han compartido la idea de que decir la palabra no a nuestros hijos, podría ocasionarles una confusión o que su cerebro no tiene la capacidad de comprender el significado del *no* y demás explicaciones que me han dado sin poder debatir a la estructuración que yo le atribuyo a la palabra, al enseñarle a los niños no sólo cómo hacer las cosas, sino también cómo no se deben hacer. En términos psicoanalíticos podríamos dar una connotación a la palabra no en donde involucramos la represión estructurante en la psique de la persona para saber hasta dónde puede llegar a actuar libremente siendo un ser socialmente funcional. Utilizando el sentido común, si la palabra no se anula en la educación de los hijos, carecerán de un básico respeto a lo que les rodea y a quienes les rodean.

James B. Stenson. Consultor y reconocido conferencista sobre temas de educación, comparte un catálogo de reglas que se pueden aplicar en una familia, he notado en la actualidad un recurrente miedo a las reglas en muchas familias con las que he platicado, sin embargo, las reglas son parte del respeto y la responsabilidad y qué mejor que utilizarlas en el proyecto de vida común que compartimos con nuestra familia.

A continuación las comparto:

1. Con respecto a los derechos y sentimientos de los demás: no insultamos ni usamos términos despectivos. No usamos un lenguaje grosero ni malas palabras. A todo el mundo le decimos: *por favor,*

*gracias, perdón.* No interrumpimos a los demás cuando hablan. No contestamos cuando se nos corrige. Cumplimos lo que prometemos. Respetamos la vida privada de los demás: tocamos antes de entrar a una habitación cerrada, no usamos las cosas de los demás sin permiso. No peleamos ni discutimos. No hablamos mal de los demás ni esparcimos rumores. No nos entrometemos en los asuntos de los demás. Saludamos respetuosamente a los adultos. Si ofendimos a alguien, le pedimos disculpas. Si alguien nos pide disculpas, las aceptamos.

2. Todos contribuimos a hacer de nuestro hogar un lugar atractivo, donde es agradable vivir. Limpiamos lo que ensuciamos. No damos portazos y si lo hacemos de manera accidental, pedimos disculpas. No hacemos dentro de la casa actividades que se deben hacer fuera (jugar a la pelota, andar en bici, etc.). No nos gritamos de una habitación a otra. Vamos hasta donde está la persona y le damos el mensaje con voz normal. No comemos ni bebemos en el dormitorio. No abusamos de la comida o bebida y no comemos entre comidas sin permiso. La ropa que no estamos usando debe estar en el armario o en el cesto para la ropa sucia. Si tenemos suficiente edad, hacemos la cama durante la mañana. Guardamos las cosas que usamos. Si pedimos algo prestado, lo devolvemos en condiciones. Nos hacemos cargo de nuestras responsabilidades en el colegio y

en la casa, a tiempo y lo mejor que podamos. Podemos hacer sugerencias, pero son los padres los que deciden.

3. Damos la información necesaria. Al salir, siempre decimos a dónde, con quién, a qué hora vamos a estar de vuelta. Si se nos hace tarde, llamamos a casa. Si hay un plan más especial (campamento, pasar el fin de semana en lo de un amigo, etc.) lo consultamos al menos un día antes. De la escuela volvemos derecho a casa, a menos que tengamos permiso. Traemos a todos nuestros amigos nuevos a casa y los presentamos a nuestros padres. Volvemos de fiestas a una hora previamente acordada. Recibimos los mensajes de una manera inteligente para transmitirlos bien.
4. Usamos los medios de comunicación para promover la vida de familia: no permitimos que estos medios interfieran con la vida familiar. No tendremos nada en casa que ofenda nuestros principios morales o trate a la gente como si fueran objetos. Esto significa que no habrá pornografía, violencia gratuita o representaciones de conducta vulgares. Esto se refiere a la televisión, películas, juegos de video, letras de canciones y afiches. Veremos televisión juntos: deportes, películas y programas de calidad. Durante la semana no vemos televisión por las noches a menos que la veamos juntos. Si peleamos por la televisión o los juegos, habrá un aviso de

parar. Si el problema persiste, se acabó la función. Usamos el teléfono en forma razonable. Dedicamos la mayoría de nuestra vida familiar a cosas útiles y juegos, no estamos pegados a la pantalla.

"Cuando los niños crecen en una familia que se guía por altas normas personales y reglas que son claras y evidentemente justas, ellos se desarrollan con confianza. Sabiendo que sus padres están en el control de las cosas, se sienten seguros y queridos. Un medio ambiente de amor y seguridad lleva a los niños a tener confianza en sus padres y en sí mismos. Las capacidades del niño se dirigen a resolver problemas y no a crear problemas". James B. Stenson.

Al leer las anteriores reglas, lejos de imaginarme un hogar con un gendarme dando instrucciones, me imaginé un hogar cálido y amigable, seguro y agradable para cualquiera que lo visite. Me percaté que son detalles básicos que deberían de existir en cualquier hogar donde se busca que reine la paz, la armonía y el amor contando con la colaboración de cada uno de los integrantes.

Otra buena anécdota que compartía Rosa Barocio (autora del libro *Disciplina con amor*), es la siguiente:

Fui coordinadora de un colegio durante muchos años. Al presentarse una pareja de padres a conocer la institución, invité a su hija de 4 años a que jugara en las hamacas mientras me entrevistaba con ellos. Después de 45 minutos de explicación sobre el ideario y el sistema educativo, me dijeron: —Señora Barocio, nos ha encantado todo lo que nos dijo, pero debemos comentarlo con Rebequita porque ella es la que decidirá.

Comparte Rosa Barocio que se quedó pensando:

> "De haberlo sabido, hubiera dejado a los padres jugando en las hamacas y me hubiera entrevistado con la niña"

Los niños necesitan límites y se sienten ansiosos a falta de ellos. Necesitan saber que alguien conduce el avión.

"Algo nos pasa respecto al tema de los límites", comparte Pilar Sordo, psicóloga, conferencista y escritora chilena, "nos da miedo llegar a esquemas autoritarios. Hemos caído en una confusión entre el concepto de autoritarismo y de autoridad".

Y advierte:

> "Los padres no nos podemos cansar de ser padres; por lo tanto no nos podemos cansar de abrazarlos, de decirles que los amamos, de sentirnos orgullosos de ellos; pero tampoco nos debemos cansar de pulirlos para que lleguen a ser las mejores personas que puedan ser, y ese pulir muchas veces duele. No puedo ser una madre agradable todo el tiempo, tengo que ser también "desagradable" en algunas oportunidades".

Existe un safari llamado Kruger en Sudáfrica y comparten la anécdota de que en el año de 2009 encontraron rinocerontes blancos muertos. No sabían quién los había matado pues están en peligro de extinción. Al investigar, se enteraron de que los elefantes eran quienes los mataban sin motivo alguno. Tras continuar con la investigación descubrieron que éstos crecieron sin roles, sin ejemplo y sin autoridad, ya que 20 años antes, en Kruger, había demasiados elefantes que estaban consumiendo poco a poco el safari, la solución que encontraron fue matar a todos los elefantes adultos, madres, padres, tíos, abuelos; sólo dejaron vivos a los bebés elefantes, porque eran pequeños y más fáciles de transportar. Más tarde, estas crías se convirtieron en adolescentes y comenzaron a destruir aldeas, a atacar turistas y a matar a los rinocerontes blancos. Después de lo que hemos compartido en este capítulo, podemos obviar que la falta de ejemplo y autoridad, es lo que desencadenó el problema en este safari. Encontraron la solución, llevaron tres elefantes adultos, pero éstos no eran cualquier elefante; tenían autoridad. En 6 meses los elefantes adolescentes se habían calmado y habían seguido el ejemplo de los mayores. Papá, mamá, necesitamos ser los *elefantes guías*.

# Capítulo 11
# La comunidad educativa

*No hay jóvenes difíciles, sino una educación inadecuada.*

**Augusto Cury**

El presente capítulo está pensado para todo aquél que se dedica a la enseñanza y que ha adoptado esta noble vocación que se enfoca en compartir conocimiento y se encargan de dejar un tatuaje en el corazón de sus alumnos.

Hace algunos años, tenía muchas ganas de trabajar con niños y padres de familia que es lo que más me apasiona, se me encomendó una misión: ser coordinadora de un conocido colegio, fue de mis primeros trabajos y llegué ahí por la recomendación de una persona muy querida. Omitiré el nombre y detalles personales por respeto a la privacidad y por ética profesional, sin embargo creo que vale mucho la pena compartir mi experiencia y la forma en la que veo hoy día esa aventura. La coordinación consistía en asumir toda la parte académica, tuve la dicha de conocer excelentes profesores, preparados y entregados a su labor, fue un buen equipo, además debía atender todas las inquietudes de los padres de familia, detectar cualquier detalle a resolver dentro de la escuela con los alumnos y la parte de la disciplina también era mi fuerte con los niños que llamaban "problema", aunado a la atención médica primaria o de primeros auxilios que en su momento me tocó asumir. Mi horario era de 6:30am a 3:00pm pero dicho colegio contaba con horario extendido hasta las 8:00pm entonces me di cuenta que se necesitaba de alguna autoridad por las tardes, sobre todo por la cantidad de niños que se quedaban, así que, sin que me lo pidieran, desde antes que saliera el sol hasta después de que se ocultaba, estuve asumiendo lo que hoy día considero que eran varios puestos importantes. Me di cuenta de la terrible idea que es contar con un horario extendido, siento pesar y no me es indiferente saber que una persona trabaja de sol a sombra y no tiene donde dejar a sus hijos, pero en este caso en particular, estamos hablando de un colegio en donde muchas de las mamás que dejaban a sus hijos en el horario extendido, no trabajaban y gozaban de un estatus financiero privilegiado.

Sólo pude trabajar ahí un ciclo escolar, el ambiente era hostil hacia los maestros por parte de la dueña y directora que carecía totalmente de aprecio por el capital humano que tenía ahí dentro. Me obligó a despedir a varios profesores sin justificación alguna, pero mi preocupación más grande eran los alumnos, niños que sufrían de repentinos cambios por el despido de sus maestros aunado a que los padres de familia se dejaron llevar por las estratosféricas colegiaturas y pusieron su confianza pensando que sus hijos se encontraban en un buen lugar aprendiendo desde maternal: chino mandarín, francés, inglés, robótica, gimnasia, ballet y taekwondo. Mi empeño por cuidar esa escuela y dar a los padres de familia la certeza de que sus hijos estarían bien cuidados, me hizo involucrarme al grado de descuidar incluso mi salud, que puedo decir que no me pesa, los niños valen todo lo que los adultos podamos sacrificar, sin embargo llegó a mí una gran frustración al tomar la decisión de renunciar a ese colegio, no podía trabajar sabiendo que existían tantas injusticias y engaños hacia las personas por parte de la dirección, se modificaban calificaciones, las instalaciones no eran seguras (y no se hizo nada al respecto), los niños no tenían la atención que necesitaban y algunos padres de familia no colaboraban y veían más a ese colegio como una guardería donde dejar a sus hijos, algunos más de 12 horas diarias. Surgió una gran impotencia en mi cabeza al no poder hacer más por todos esos niños. Por supuesto que salí con amenazas, a la dueña no le convenía dejar ir a una persona que asumía tantos puestos y que tenía a los padres de familia contentos y a los niños felices, pero no era justo ni sano para mí, éticamente me sentía también parte del engaño. En el momento que decidí salirme, desconozco si despidieron al personal docente que quedaba o por su propio pie decidieron renunciar, a la semana siguiente comencé a recibir llamadas a mi celular personal para pedirme referencias de todos. Di las mejores, vuelvo a mencionar, era un gran equipo.

A continuación, compartiré algunos de los casos que más me marcaron, cambiaré los nombres reales de los niños.

Caso *Estrella*: era una niña o mejor dicho una bebé de apenas 1 año, la dejaban en guardería, su mamá era una señora guapísima, era de las niñas que llegaban a las 7:00am, su mamá dirigía una empresa importante y a su papá en todo el año que estuve trabajando en el colegio, nunca lo vi, viajaba por negocios constantemente así que *Estrella* era la primera en llegar y la mayoría de los días era de las últimas en irse. Un día llegó por ella su mamá a las 10:00pm hablé con mis papás porque la iba a llevar a mi casa, ya que la escuela cerraba a las 8:00pm pero me dijeron que podría meterme en algún problema legal y más por tratarse de una familia tan conocida e influyente. Ahí esperé a que llegara su mamá, las lágrimas de cansancio y de tristeza de *Estrella*, me contagiaban algunos días, podría decir que *Estrella* era uno de los motivos por los cuales me quedaba al horario extendido, sabía que, si yo no la abrazaba, las pocas maestras que se podían quedar estaban tan ocupadas atendiendo a tantos niños que no podrían darle la atención que una bebé de esa edad requiere.

Caso *Santino*: era un niño de 8 años, cursaba 3° de primaria, siempre llegaba tarde pero también se iba tarde, se pagaba una "penalización" por recoger a los niños después de las 8:00pm era una cantidad simbólica que para algunas mamás era cómodo cubrir. Su mamá era mamá soltera, recibía una pensión por parte del papá de Santino que aunque no lo procuraba, cubría la cuota requerida, así que no se preocupaban por la economía. La señora era muy joven y en varias ocasiones llegó por *Santino* en un estado inconveniente. Como era de esperarse *Santino* tenía problemas de conducta, el motivo principal de sus visitas a mi oficina era que se caracterizaba por ser un niño explosivo e iracundo, durante el horario extendido, me pedían permiso para ver películas en una tableta que tenía *Santino*, le pedí a las maestras encargadas que revisaran que las películas fueran adecuadas para su edad y la de los niños que se reunían con él a verlas. Tuve una corazonada en el momento en el que niños más grandes empezaron a cambiar notoriamente su actitud y se reunían con *Santino* a ver películas, cabe mencionar que había maestras vigilando pero vuelvo a lo mismo, eran tan pocas para tantos niños, un día le dije a Santino que me tenía que dejar su tableta, necesitaba corroborar mi corazonada, de mala gana me la prestó y en un momento en el que se fue al baño, descubrí que visitaban páginas pornográficas y es por eso que su grupo de amigos se había multiplicado y tenía amigos que le doblaban la edad.

Caso *Michael*: era un niño de 7 años muy tranquilo, callado y siendo sincera, era un niño del que tengo pocos recuerdos porque intentaba no dar problemas. Un día, en unos juegos, durante el horario extendido, se cayó y se golpeó la cabeza con un tubo, la maestra que se dio cuenta corrió a buscarme porque le tenía miedo a la sangre y *Mi-*

*chael* tenía una herida de unos 5cm y lo bastante profunda para no poder contener la sangre a pesar de intentarlo. Insistimos varias veces para hablar con su mamá sin obtener respuesta, sabía que necesitaba atención inmediata y el hospital donde tenían asegurados a los niños, estaba a poca distancia del colegio por lo que, sin contar con la autorización, mi prioridad fue *Michael* y lo llevé en mi coche hasta el hospital, como dato importante, después de todo lo que hemos compartido sobre las pantallas, le presté mi celular con un video de animales y fue como una anestesia en lo que llegamos al hospital y durante su atención médica, tuvieron que coser la herida, no recuerdo con exactitud pero fueron aproximadamente 7 puntadas, el video era tan divertido que no le dio importancia al dolor físico. Estando en el hospital me llamaron de la escuela, habían localizado a la mamá pero me dijeron que no iría por *Michael* porque estaba en su trabajo, pensé que habría un malentendido y llamé personalmente a la mamá relatándole lo sucedido y justificando que lo saqué de la escuela para llevarlo al hospital por lo emergente de la situación, me quedé atónita ante la indiferencia de la señora, me dijo que llegaría a la hora de siempre, preguntó si estaba bien el niño y le dije que lo más recomendable era que estuviera descansando en casa. *Michael* se regresó y se quedó en mi oficina toda la tarde hasta la llegada de su papá que en esa ocasión fue a recogerlo a la misma hora que siempre se iba.

Tiempo después me invitaron a trabajar en la sede de Guadalajara de un instituto muy conocido en todo el mundo, dicho instituto es referencia para muchos temas y dábamos capacitaciones y conferencias a otros institutos y colegios. En una ocasión, un colegio nos buscó para hablar sobre sexualidad a niñas de 5to y 6to de primaria, asumí la responsabilidad y preparé un tema con mucha delicadeza para hablar sobre ello a las niñas que entraban a la edad adolescente, me sorprendió ver la confianza con la que me hablaron, las dudas que surgieron y la participación de todas las niñas.

A continuación de nuevo compartiré un par de casos que vale la pena conocer y reflexionar, protegiendo los nombres reales de las niñas.

Caso *Penélope*: estaba en 6to de primaria, tenía 12 años en aquel entonces, al finalizar la plática, estaba guardando mis cosas y una fila de niñas se me acercaron, no se atrevían a preguntar algunas cosas frente a todas las demás niñas y las maestras que estaban presentes. Con atención dejé mis cosas y me tomé el tiempo necesario para escuchar a cada una. La que se había formado al último era *Penélope*, dejó pasar a algunas niñas hasta quedar ella y yo solas en el auditorio. Llamó mi atención desde que estábamos en la plática porque era la única niña con el cabello muy corto, su estilo pretendía imitar el de un hombre, incluso en el caminar. Cuando me dijo su nombre me lo dijo con una voz ronca, muy entregada a su papel de pretender ser un varón. Me preguntó que qué opinaba de unos influencers (en mi vida los había escuchado mencionar), le dije que no los conocía pero que me platicara sobre ellos, me dijo que eran transexuales que compartían sus experiencias y daban consejos sobre la transición de género, en ese entonces la plataforma por la cual los descubrió fue YouTube, me dijo que estaba tomando un tratamiento hormonal que recomendaron sus "ídolos" que era como se refería a ellos, también me dijo que desde hacía más de un año se vendaba los senos para que no se le notaran y no se le pudieran desarrollar, mi cabeza sólo pensaba en los efectos secundarios de las hormonas que tomaba y de estar martirizando su cuerpo con vendas y cinta. Supuse que sus padres no lo sabían por lo que pregunté ¿qué opinan tus papás de todo esto que me cuentas? Y su respuesta me entristeció. Me dijo que sus papás la apoyaban en lo que ella decidiera, incluso asistía a una terapia con una psicóloga que la estaba motivando a seguir en su transición de niña a niño. Sentí impotencia porque no era prudente opinar en contra de lo que sus papás estaban aplaudiendo.

Caso *Valeria*: estaba en 5to de primaria, era una niña de once años. Con mis cosas en la mano, me dirigí a la entrada del colegio y de pronto una manita tocó mi brazo. Era *Valeria*, su semblante era el de una niña triste, avergonzada agachó su cabeza sosteniendo sus lentes para decirme si podía confiarme algo. Durante la plática en el auditorio, hablé del ciclo menstrual y del embarazo, por lo que me compartió algo que me quebró; me dijo que el año anterior, cuando estaba cursando 4to de primaria, asistió a un campamento que organizaba la escuela cada año y que una noche, la sacaron de donde estaba durmiendo tapándole la boca y los ojos para llevarla a otro lugar y abusar de ella, pregunté si había visto algo, me dijo que todo el tiempo tuvo los ojos tapados y al preguntarle si sabía si había sido un adulto o un niño, no me supo contestar, tampoco si era uno o más los violadores. Le pregunté si había platicado de esto con sus papás o con alguien más, a lo que me contestó que era la primera vez que se atrevía a externarlo y justo me lo contó porque acababa de empezar su periodo unos días antes de conocernos y me dijo que si había la posibilidad de que, como ahora ya estaba reglando, pudiera estar embarazada (ya había pasado un año de lo sucedido). Su malentendido me hizo sentir más coraje por los hechos que me había relatado, le dije que no estaba embarazada, empezaron a rodar por sus diminutas mejillas, lágrimas gigantes, le comenté que era importante compartir eso que me había confiado con sus papás y con las autoridades de su colegio para que se tomaran cartas en el asunto y evitar que algo así le pudiera pasar a alguien más, me contó que su papá no vivía en su casa y que su mamá era alcohólica, le dije que ella merecía llevar un proceso para que externara y la apoyaran con eso que injustamente le había sucedido, me dijo que le daba mucha pena contarlo a alguien más, me rogó que no dijera nada. Recibí el abrazo más enternecedor, me costó mucho no llorar sintiendo sus sollozos en mis brazos. Busqué a la directora en repetidas ocasiones sin obtener respuesta, lo comenté con el personal encargado del departamento psicopedagógico y sólo me dijeron que tendrían especial cuidado. La directora jamás se reportó y otra maestra del Colegio, me dijo que no convenía generar polémica al respecto.

## Sobre los horarios extendidos

Los relatos antes mencionados del colegio donde fui coordinadora, son sólo de tres niños, habría pocos menos de cien que se quedaban por las tardes y cada uno con una historia particular, la reduzco a estos tres niños y la reflexión que me gustaría hacer sobre este tema, es que la escuela es una institución donde los niños reciben formación académica, no tengo nada en contra de las clases extracurriculares, pero podríamos apostarle a la convivencia familiar y a la formación que sólo se aprende en casa. Acabo de ver una publicación que compartió el obispo de Orihuela-Alicante; José Ignacio Munilla Aguirre, es un video breve de una familia africana que va en una bicicleta, serán unos nueve integrantes más el padre, desafiando las leyes de la gravedad, van todos muy seguros en sus lugares, todos se ven felices, al pie del video decía "Si yo tuviese que elegir entre ser un niño más de esa familia africana, o ser el hijo único de la pareja divorciada más rica de New York… ¡no lo dudaba!", entiendo la preocupación de darle a nuestros hijos lo vital, sin embargo de ahí a delegar a las instituciones los momentos que nos corresponde compartir con la familia, habría que evaluar cada caso en particular pero los niños tienen derecho a vivir en un hogar que sea su refugio.

## Sobre la moda de las autopercepciones

El caso de *Paloma* nos invita a reflexionar sobre las autopercepciones que se han vuelto moda, no es sólo un simple sentimiento, sino una atractiva moda que invita a los jóvenes sobre todo en edades vulnerables y maleables a autopercibirse como lo que no son. Si una persona llegara a un hospital con sus extremidades completamente sanas pero justificara que se autopercibe como un manco y exigiera que se le amputara un brazo, lo más lógico es que lo pudieran delegar a una institución de salud mental donde le ayuden a ver y aceptar la realidad. Lo mismo pasa con los desórdenes alimenticios, las personas que los sufren se ven en el espejo con tal distorsión que una persona que padece bulimia o anorexia puede verse con un sobrepeso insoportable cuando apenas tiene piel pegada a sus huesos, son casos de atención inmediata en los cuales se ayuda a la persona a autopercibirse como lo que realmente son. Los ejemplos antes mencionados nos hablan de una disforia que es el antónimo de la euforia, se caracteriza por un estado de ánimo de tristeza e inconformidad ante la realidad, *Paloma* estaba tomando hormonas que su cuerpo no produce, los efectos secundarios que esto le ocasionará a corto plazo, dañarían su cuerpo además de transformarlo en lo que no es, lo que ocasionaría un severo daño a nivel mental ya que cada célula del cuerpo tanto del hombre o de la mujer está cargada de información referente al género que le corresponde. El hecho de infligirse cualquier tipo de daño, ya es un motivo de atención emergente.

## Sobre el uso de la tecnología en las escuelas

En muchos casos son utilizadas como un recurso para reafirmar lo que se ve en clases, los niños no necesitan más de lo que ya están consumiendo de pantallas, en cualquier lugar encontrarán una lluvia incontrolable de tecnología; dentro de los hogares, en la calle, en los lugares públicos... la escuela no necesita abonar en este rubro. Los nativos digitales, a muy temprana edad saben manipular perfectamente los aparatos que se les pongan enfrente y precisamente están hechos para que cualquiera pueda usarlos por lo que, no hay por qué tratar de innovar en este aspecto. Las nuevas propuestas por parte de algunas secretarías de gobierno como el uso de las TIC en la educación (Tecnologías de la Información y la Comunicación), han creado una necesidad que debería de ser erradicada. Las escuelas deberían de ser un lugar para desintoxicar de la irrealidad que se presencia a través de las pantallas para mostrar la realidad y la belleza del aprendizaje.

# Capítulo 12
# La familia

*La familia de la que provienes es muy importante, pero la que formas debe ser tu prioridad en todo sentido.*

Un ambiente ideal para el desarrollo integral de un niño es principalmente con su madre y padre, rodeado de los elementos que a lo largo de este libro hemos compartido y excluyendo los que he querido desenmascarar, sin embargo hay niños que carecen de las dos figuras antes mencionadas, que han sido criado por los abuelos o algún otro familiar. Actualmente también me he dado cuenta de que los casos de las familias monoparentales van en aumento y no me es indiferente el pensar en un pequeño que no tenga a su madre y/o padre porque ya no están entre nosotros o qué decir de los niños abandonados, soy consciente de esos a los que muchas veces no se les ve y esos niños son parte también de la sociedad y tienen todo el derecho de recibir las herramientas que les corresponden para su pleno y sano desarrollo psicofísicosocial y espiritual.

Hay diversas circunstancias y según el caso, se deberá evaluar de forma particular con qué figuras cuenta un niño para su educación, incluso existen matrimonios donde los padres no han trabajado en su relación conyugal, dependiendo del caso, puede que sea más conveniente que vivan separados.

Con el preámbulo anterior, pretendo ahora, entonces enfocarme en los matrimonios para hacerles un llamado especial a tomar acción en la educación pero sobre todo en el amor a los hijos.

Existe una frase que me ha marcado, no tengo idea del autor ni recuerdo dónde la escuché pero se quedó arraigada en mi cabeza dándole sentido a la paternidad:

"Lo mejor que puede hacer un padre por sus hijos, es amar a su esposa".

En una conferencia que Manolo mi esposo dio para padres de familia en un colegio, hizo una pregunta importante que en ese momento me sorprendió, preguntó a algunos papás que tenían hijas ¿qué tipo de persona desearían que sus hijas tuvieran como maridos? A lo que todos los padres responden con una lista interminable de cualidades, posteriormente sin esperar respuesta, pregunta si los presentes tratan así a sus respectivas parejas, culminando con una explicación de la repetición de patrones que los jóvenes tienden a replicar con lo que han vivido en sus hogares. Por ello la importancia de no descuidar el matrimonio y poner especial atención en que la llama del amor nunca se apague y pueda trasmitirse a las futuras generaciones.

Para el trabajo en pareja, me gustaría compartir cuatro consejos valiosos que nos dio el padre José Luis González Santoscoy que fue quien celebró nuestro matrimonio. "La clave de un buen matrimonio son las 4 D's Dios, diálogo, detalles y disculpas." Estas cuatro D's son para el matrimonio como las cuatro patas de una mesa, que si le quitas una, la mesa no se podrá sostener. Posteriormente comparto una "D" que me he percatado que también funge como parte importante de la dinámica familiar; da lo que eres.

**Dios**

*De manera que ya no son dos, sino una sola carne.*
*Pues bien, lo que Dios ha unido,*
*no lo separe el hombre.*
**(Mt 19,6).**

Al existir Dios como centro del matrimonio, la vida en pareja es llevadera, rezar juntos, asistir a misa juntos, pedir a Dios la fortaleza cuando existen dificultades y agradecerle por todas las bondades, son las formas en las que podemos encontrar a Dios en el día a día y sobre todo sirviendo a los hijos de ejemplo en la cuestión espiritual.

Buscar un acompañamiento espiritual por parte de una religiosa o un sacerdote, es una buena opción para acercarnos más y mejor a Dios.

Dios es parte estructurante en la vida de las personas, en terapia, he tenido la fortuna de atender a muchas personas que tienen a Dios en su corazón y siempre recalco que ya tienen un camino transitado hacia la salud mental, ya que Dios es un sostén, un respaldo y un cimiento.

Las renovaciones matrimoniales son también una excelente opción para juntos, seguir en el camino de Dios.

**Diálogo**

Hemos escuchado que la comunicación es una de las bases para una relación sana de pareja, sin ella, es muy difícil resolver problemas, si existe un buen diálogo, cuando exista alguna dificultad en el camino, serán los esposos contra el problema y no el uno contra el otro. Cuéntale todo a tu esposa, a tu esposo, hagan bromas, pasen tiempo juntos sólo ustedes dos, salgan a un café, a cenar o a convivir y procuren una charla como dos grandes amigos que valoran lo que comparte cada uno, tu mejor amigo es tu esposo, tu mejor amiga es tu esposa. Y la parte más preciosa del diálogo, es saber escuchar, no olvidar esta premisa.

**Detalles**

Cuando los esposos eran novios, tuvieron que existir detalles, ésos que cuidábamos para gustarle al otro, poco a poco en la vida conyugal de muchas parejas, se van dejando de lado, en algunos casos, los detalles se extinguieron, sin embargo, si existen los detalles en un matrimonio difícilmente se cae en la rutina y aburrimiento, no necesariamente hablamos de los detalles materiales, sino que pueden ser también los otros cuatro sugeridos en el libro hermoso de Gary Chapman *Los cinco lenguajes del amor*, que son las palabras de reconocimiento, el tiempo de calidad, los actos de servicio y el contacto físico.

## Disculpas

Jamás debemos cansarnos de perdonar ni de pedir perdón. En un matrimonio hay una realidad: somos personas imperfectas, distintas y nos equivocamos, estamos en construcción y lo estaremos toda nuestra vida. Obviamente, el perdón involucra un propósito de enmienda, es decir, que el otro tenga la intención de no volver a lastimar y en caso necesario, se recomienda la intervención de un profesional, la terapia de pareja siempre es una herramienta con la cual se puede construir y reconstruir.

## Da lo que eres

En esta parte, al hablar de la familia no podemos excluir ni dejar de darle el protagonismo que requiere el rol paterno y comenzaré compartiendo una parte de un artículo que escribió un amigo querido, Dr. Marco Antonio Lôme Soriano.

La paternidad, realización en el amor:

En una cárcel de los Estados Unidos de Norteamérica una empresa de postales decidió regalar postales para el día de la madre. Para sorpresa de la empresa la fila se extendió demasiado que tuvieron que ir por más postales porque no les alcanzaron. Quedaron sumamente sorprendidos que quisieron hacer esta misma actividad para el día del padre. Para sorpresa de ellos, la fila de quienes estaban para mandar una postal a sus papás, no pasaba de tres personas. Intrigados decidieron preguntarles a los presos y llegaron a la conclusión de que todos tenían muchos asuntos no resueltos con la figura paterna.

Un papá, no es sólo un proveedor; es la cabeza de la familia, papá es un ejemplo y existen investigaciones que abordan la problemática que es cada vez más común en nuestra sociedad debido a la ausencia del padre en el hogar; las consecuencias han sido en un gran porcentaje de los casos, la afectación a la salud mental de los niños, trastornos emocionales y de comportamiento, incluso dificultades en la salud física, mismas que puede presentar la madre en el hogar impactando en la estructura familiar. Como mencioné al principio de este libro, si un padre de familia, procura el bienestar de la madre, por ende ya está procurando el de los hijos, el hombre que desfavorece a la mujer económica y emocionalmente, verá cercano el momento en el que los hijos se verán afectados. Algunos de los rasgos más notorios cuando existe un problema con los padres de familia, son las altas probabilidades a tener problemas en las instituciones educativas de toda índole, también pueden sufrir trastornos del comportamiento y suelen tener dificultades en la relación con los compañeros o personas a su alrededor.

Nos comparte Ruben Kaztman, sociólogo, que la presencia del padre es clave para proveer o reforzar ciertos activos de los niños:

> i) como modelo forjador de identidades, especialmente para los varones; ii) como agente de contención, de creación de hábitos de disciplina y transmisor de experiencias de vida; iii) como soporte material, ya que la falta del aporte del padre reduce considerablemente los ingresos del hogar, particularmente porque las mujeres ganan entre un 20% y un 50% menos que los hombres, y iv) como capital social, en la medida en que la ausencia del padre implica la pérdida de una línea de contacto con las redes masculinas, tanto en el mundo del trabajo como en el de la política y que además, al cortarse el nexo con las redes de parientes que podría aportar el padre, disminuyen significativamente los vínculos familiares potenciales.

Existe la estadística cada vez mayor de la ausencia del padre biológico en las familias y cuando se cuenta con su presencia en la familia es de forma disociada porque algunos padres se enfocan en sacar adelante a su familia que sacrifican lo realmente trascendente que es la verdadera presencia, convivencia y amor con los hijos, el tiempo vuela y hay momentos que ya no volverán que sólo podemos aprovechar en el presente. Hay una frase que dice "te matas trabajando todo el día para que a tus hijos no les falte nada, y al final les faltas tú", entendiendo perfectamente cada circunstancia personal, en el caso de que tanto el padre como la madre tengan la necesidad de trabajar para dar sustento a la familia, es imprescindible tener momentos de calidad y de presencia real con los hijos.

El compartir experiencias, vivencias, anécdotas e historias, se quedará más impregnado en el corazón de los hijos, que si les compramos aquello que no pudimos tener en nuestra infancia.

# Capítulo 13
# Sin miedo al fracaso

*El fracaso es, en ocasiones, más fructífero que el éxito.*
**Henry Ford**

En el libro de Augusto Cury *Padres brillantes, maestros fascinantes* hay un hábito que comparte que dice "los buenos padres preparan a sus hijos para el aplauso, mientras que los padres brillantes los preparan para el fracaso". Hoy día carecemos de una idea que ni siquiera se nos ocurre pensar y es que nuestros hijos fracasen en algo, es más, he tenido experiencias con padres que se niegan a creer que su hijo se ha equivocado en algo y es más fácil transferir la culpa de lo sucedido a un tercero, he escuchado frases como "mi hijo ha puesto empeño en tal materia pero la maestra no sabe enseñar", "mi hijo es buenísimo en tal deporte pero los demás compañeros han tenido ventaja por ser más grandes" y un sinfín de pretextos que desvían a los hijos de la responsabilidad de saber que los fracasos existen y se pueden superar.

El no tener miedo al fracaso contribuye a desarrollar en nuestros hijos: motivación, audacia, paciencia, determinación, capacidad de sobreponerse y la habilidad de crear y tomar ventaja de las oportunidades.

Educar no sólo la mente lógica, educar la sensibilidad de nuestros hijos, contribuye a que tengan metas, a cumplir sueños, a tener éxito y buenas relaciones con su familia o amigos, pero no te quedes ahí, enséñales a no tener miedo a la derrota; la gente que llega alto es la que aprendió a superar sus fracasos. De adulta, mucha gente no logra el éxito porque no es capaz de soportar la derrota.

La sociedad nos prepara para los días de gloria, pero los días de frustración son los que dan significado a esa gloria. Como padres podemos dar ejemplo admitiendo nuestros errores, pedir perdón, decir *me equivoqué* es también un modelo de humildad y de sabernos seres imperfectos, porque aquél que crea que es perfecto está negando su propia naturaleza.

Los padres que no tienen el coraje de reconocer sus errores, jamás enseñarán a sus hijos a enfrentarlos para crecer con ellos. La vida está llena de riesgos y retos, es imprescindible enseñar a nuestros hijos a vivirlos, asumirlos y superarlos, no a huir de ellos, si no, la consecuencia es un niño con baja autoestima, incapaz de transformar sus sueños en realidad, disminuido, incapaz de tomar riesgos y muchas cosas más que no contribuyen a su sano desarrollo.

Brindemos herramientas a nuestros hijos para que encuentren la grandeza en las pequeñas cosas, la sociedad nos orilla a no sentirnos satisfechos nunca, aunque estuviésemos rodeados de lujos y viviéramos en un gran palacio. La felicidad no viene por casualidad, los hijos aprenden siendo grandes observadores, a ver con el corazón y a ser agradecidos.

Quizá anteriormente has escuchado alguna de estas historias de vida pero me gustaría compartirlas por la valiosa enseñanza que dejan; “El fracaso nos enseña muchísimo más que el éxito.”

> Un hombre intentó hacer cinco compañías de autos, y las cinco quebraron. Volvió a comenzar y fue todo un éxito. Su nombre: Henry Ford.

> En sus comienzos fue despedido de un periódico porque “le faltaba imaginación y no tenía buenas ideas”. Después de eso, comenzó una serie de empresas y terminó con la quiebra y el fracaso. Volvió a comenzar y fue todo un éxito. Su nombre: Walt Disney.

> Un japonés llamado Akio Morita creó una olla para hacer arroz con la que quería ser millonario, pero fracasó rotundamente. Volvió a comenzar y creó la compañía SONY.

> Muchas veces rechazado por el equipo de básquet bol de su escuela, él nunca se dio por vencido y una vez dijo: "He fallado más de 9.000 tiros en mi carrera, perdí 300 juegos, en 26 ocasiones me han confiado el tiro ganador y he fallado. Y es por todo eso que ahora tengo éxito, siempre volví a empezar". Claro, hablamos de Michael Jordan.

Y muchos ejemplos más, The Beatles, Albert Einstein, T. Alba Edison y uno de mis favoritos: Og Mandino, tiene una historia que si no la has escuchado estoy segura de que te impactará. En resumen fue un hombre que fracasó en varios negocios y trabajos, pasó varias veces por su mente el quitarse la vida, perdió a su familia debido al alcoholismo, vivía en las calles como indigente, entró a una biblioteca para resguardarse del frío, comenzó a leer, leer, leer y se convirtió en un escritor, autor del *best seller El vendedor más grande del mundo*. Se han vendido alrededor de cincuenta millones de copias de sus libros, que han sido traducidos a varios idiomas, que nadie diga que no se puede.

Hoy más que nunca, hay que incentivar a nuestros hijos a no rendirse ante cualquier adversidad, a levantarse si se caen. Recuerdo en una ocasión haber llevado a mis hijos a un curso de una pedagogía que me gustó mucho, sin embargo la mediadora de los cursos, tenía una tendencia "moderna" y una forma de pensar en la cual no estuve de acuerdo del todo, cuando mis hijos empezaron a caminar, tropezaban y caían naturalmente al estar descubriendo el equilibrio así como ejercitando sus músculos, parte del desarrollo normal. Cuando los veía caer, siempre cerca de ellos, me gustaba decirles ¡arriba! Revisando que todo estuviera bien y no se hubieran golpeado, de esta forma ellos empezaron a decirse entre ellos cuando se caían ¡arriba! La mediadora al ver esto común en nuestra dinámica, se acercó y me dijo que no debía decir esa palabra, que lo correcto era acercarme, levantarlos, revisar que no les hubiera pasado nada y abrazarlos preguntándoles si se habían lastimado o les dolía algo. En el momento y ante la observación de todos los demás papás presentes, lo hice, mi hija se cayó y seguí el protocolo, a lo que mi hija se me quedó viendo extrañada, me quitó los brazos asfixiantes y me dijo ¡arriba! Como corrigiendo mi forma extraña de actuar. Unos días después vi en redes sociales un video de una niña patinando sobre hielo que cae cuando empieza el concurso perdiendo ventaja, el que la está grabando que seguramente es su papá se escucha gritándole ¡levántate, no te rindas! La niña lo escucha, se levanta y con más fuerza y empeño patina para así tomar ventaja de las demás patinadoras y gana la competencia, me pregunto qué final hubiera tenido ese video si su papá hubiera seguido el protocolo de la moderadora del curso al que fuimos. Como padres estamos pendientes de lo que les sucede a los hijos y de las necesidades que es fundamental cubrir, pero ante la evidencia de que ellos pueden lograr algo o levantarse por ellos mismos, dejémosles tomar la batuta e incentivemos la independencia de forma que no los victimicemos ante cualquier adversidad.

# Conclusión

Este libro pretende brindar herramientas preventivas y correctivas para educar a los hijos desde pequeños hasta su juventud. Esta consigna se nos ha dado, este don gratuito que nos bendijo poniendo en nuestras manos las vidas de nuestros pequeños, es una labor que puede volverse una aventura llena de retos emocionantes. Para esto es necesario formarnos y no rendirnos nunca. Muchos papás me han dicho que hoy son otros tiempos, que hay que adaptarse a la sociedad, sin embargo, mi respuesta es muy clara y concisa, los tiempos han cambiado pero los niños y jóvenes siguen siendo como en todas las demás épocas, éste es el gran secreto del que no nos hemos percatado; somos nosotros los que los inducimos a un mundo diferente al permitir que tantas cosas dañinas lleguen a tener influencia en ellos y es por eso que tratamos de *adaptarnos* a la modernidad y actualidad. Aunado a esto pongo como ejemplo a los salmones, estos peces se caracterizan porque para seguir existiendo, nadan en contra de la corriente para regresar al lugar donde nacieron para desovar. Papás: que los tiempos hayan cambiado no quiere decir que el valor de tu hijo y su formación sea distinto, tenemos que cuidar el tesoro encomendado, no porque todos lo hagan quiere decir que esté bien; a ejemplo del salmón, hay momentos en los que tenemos que ir en contra, un salmón que va con la corriente es porque está muerto.

En este libro encuentras herramientas y consejos para educar con límites y *Amar sin límites*, puedes leerlo las veces que quieras y en los momentos que necesites un consejo para la etapa de vida que esté viviendo tu hijo. Cada familia es diferente, pero existen valores universales que no conviene dejar de lado.

Y más que concluir, brevemente me gustaría insistir en que todos los papás desarrollemos y vivamos nuestra paternidad de manera responsable. Es momento de despertar a esta gran tarea, disfrutar y ser creativos, dejar de preocuparnos pensando a qué mundo vamos a traer más hijos y mejor pensar qué hijos dejaremos en el mundo para que sea un lugar mejor; no hay pretextos para no formarnos como formadores, como ya sabemos, existen libros, conferencias, estudios y lo más importante, tenemos a nuestros hijos que como una querida amiga me dijo, son el mejor *manual para ejercer la paternidad.*

# Bibliografía


- **OMS -** Organización mundial de la Salud
- **Goleman, Daniel -** "Inteligencia emocional" (1995)
- **Cury, Augusto** - "Padres Brillantes, Maestros Fascinantes" (2016)
- **Papa Francisco** - Exhortación Apostólica "Amoris Laetitia" (2016)
- **Prensky, Marc** - https://www.marcprensky.com/writing/Prensky-NATIVOS%20E%20INMIGRANTES%20DIGITALES%20(SEK).pdf
- **Pérez, Carolina** - Educadora de párvulos UC, directora de Helsby Preschool, Máster en Educación de Harvard University, profesora de Educación en la Universidad de Los Andes y columnista en diversas revistas dedicadas a la infancia, también realiza capacitaciones y asesorías a colegios, empresas e instituciones educativas a través de su empresa Piensa en Colores
- **WPA -** Asociación Mundial de Psiquiatría
- **CNN** - https://cnnespanol.cnn.com/2018/06/18/la-adiccion-a-los-videojuegos-sera-reconocida-como-un-trastorno-mental-por-la-organizacion-mundial-de-la-salud/
- **EL UNIVERSAL** - https://www.eluniversal.com.mx/cartera/economia/bill-gates-steve-jobs-y-tim-cook-alejan-sus-ninos-de-la-tecnologia

- **Vladimir, Poznyak** - Doctor, miembro del Departamento de Salud Mental y Abuso de Sustancias de la OMS, que propuso el nuevo diagnóstico al organismo de toma de decisiones de la OMS, la Asamblea Mundial de la Salud
- **González, Juan Antonio** - "¿Qué te impide ser feliz?" (2016)
- **Sordo Martínez, María del Pilar** - Psicóloga, columnista, conferencista y escritora chilena
- **Calatayud Pérez, Emilio Juan Ildefonso** - Abogado, escritor y magistrado español, Juez de menores de Granada.
- **Gary Wilson** - "Your brain on porn" (2014)
- **Instituto Max Planck para el Desarrollo Humano en Berlín** - estudio publicado en la revista JAMA Psyhchiatry (2014)
- **Hilton, Donald L.** - Neurocirujano, profesor del Departamento de Neurocirugía en el Health Sciences Center de la Universidad de Texas
- **San Martín, Carlos** - Doctor en Medicina y sexólogo, coordinador del centro CIPSA, en Santander
- **IFAI** - Instituto Federal de Acceso a la Información y Protección de Datos en México
- **Padre Ángel Espinosa de los Monteros L.C.**
- **Marco Antonio Lôme Soriano** - https://www.familia.edu.mx/web/index.php/novedades/item/30-la-paternidad-realizacion-en-el-amor
- **Elvira Giménez de Abad** - Psicopedagoga

- **Amenabar Beitia, José Martín** - Cómo hacer de un niño un psicópata (2014)
- **Kliksberg, Bernardo** - La familia en América Latina. Realidades, Interrogantes y Perspectivas Convergencia. Revista de Ciencias Sociales, vol. 12, núm. 38, mayo-agosto, 2005, pp. 13-41 Universidad Autónoma del Estado de México Toluca, México
- **Stenson, James B.** - Consultor y reconocido conferenciante sobre temas de educación
- **Barocio, Rosa** - "Disciplina con Amor" (2016)
- **De saintexupéry, Antoine** - "El Principito" (1943)
- **Padre José Luis González Santoscoy.**
- **Adolescencia y sexualidad** – Estadísticas en México, MEXFAM, CONAPO, SEP Centro de Estudios sobre la Juventud.
- **Gottfried, Andrés** – "Desarrollo Psicofísico y Espiritual de la Sexualidad en el Niño y el Adolescente" (2013)
- **Rojas, Enrique** - "La conquista de la voluntad" (1997)
- **Rojas Estapé, Marian** - "Cómo hacer que te pasen cosas buenas" (2018)
- **Chapman, Gary** - "Los cinco lenguajes del amor" (1992)
- **Laje, Agustín** - "Generación idiota" (2023)

**Videos:**

**Link experimento social "Los peligros de las redes sociales"**

https://www.youtube.com/watch?v=xvlYGc8glYE&t=194s

https://www.youtube.com/watch?v=BRoT7xuBHFo

**Link "¿Educas, Formas O Domésticas Tus Hijos? Padre Ángel Espinosa"**

https://www.youtube.com/watch?v=FhHKyz2ORlo

**Link "El niño sicario"**

https://www.youtube.com/watch?v=Tz1p8fQ_FdI

**Link "Conferencia Efectos de la pantalla y la tecnología en el cerebro y emociones" Marian Rojas Estapé**

https://www.youtube.com/watch?v=L9Cefxgl-VQ

**Link "Ciberacoso Ale Uriarte"**

https://www.youtube.com/watch?v=EN_ARN6AeIM&t=608s

**Obispo José Ignacio Munilla Aguirre**

https://www.instagram.com/reel/Cx_I4HltCza/?igshid=YTUzYTFiZDMwYg==

SER
Editorial

¡Me gustaría saber tu opinión!
Escríbenos un correo a:
contacto@sereditorial.com
www.sereditorial.com

www.ingramcontent.com/pod-product-compliance
Lightning Source LLC
LaVergne TN
LVHW041101150826
845673LV00007B/1870

* 9 7 8 6 0 7 9 8 9 4 3 6 8 *